GILLES
DELEUZE
A filosofia crítica de Kant

FILŌ   autêntica

GILLES
DELEUZE
A filosofia crítica de Kant

1ª reimpressão

TRADUÇÃO Fernando Scheibe

Copyright © 2018 Presses Universitaires de France

Título original: *La philosophie critique de Kant*

Todos os direitos reservados pela Autêntica Editora Ltda. Nenhuma parte desta publicação poderá ser reproduzida, seja por meios mecânicos, eletrônicos, seja via cópia xerográfica, sem a autorização prévia da Editora.

COORDENADOR DA COLEÇÃO FILÔ
Gilson Iannini

CONSELHO EDITORIAL
Gilson Iannini (UFMG); *Barbara Cassin* (Paris); *Carla Rodrigues* (UFRJ); *Cláudio Oliveira* (UFF); *Danilo Marcondes* (PUC-Rio); *Ernani Chaves* (UFPA); *Guilherme Castelo Branco* (UFRJ); *João Carlos Salles* (UFBA); *Monique David-Ménard* (Paris); *Olímpio Pimenta* (UFOP); *Pedro Süssekind* (UFF); *Rogério Lopes* (UFMG); *Rodrigo Duarte* (UFMG); *Romero Alves Freitas* (UFOP); *Slavoj Žižek* (Liubliana); *Vladimir Safatle* (USP)

EDITORAS RESPONSÁVEIS
Rejane Dias
Cecília Martins

PROJETO GRÁFICO
Diogo Droschi

REVISÃO
Lívia Martins

CAPA
Alberto Bittencourt
(Sobre pintura de Immanuel Kant, 1790. Autor desconhecido)

DIAGRAMAÇÃO
Waldênia Alvarenga

Dados Internacionais de Catalogação na Publicação (CIP)
(Câmara Brasileira do Livro, SP, Brasil)

Deleuze, Gilles, 1925-1995

A filosofia crítica de Kant / Gilles Deleuze ; tradução Fernando Scheibe. -- 1. ed.; 1 reimp. -- Belo Horizonte : Autêntica, 2022. -- (Filô)

Título original: La philosophie critique de Kant.
ISBN 978-85-513-0343-6

1. Filosofia alemã 2. Kant, Immanuel, 1724-1804 3. Kant, Immanuel, 1724-1804 - Crítica e interpretação I. Título. II. Série.

18-14633   CDD-142.3

Índices para catálogo sistemático:
1. Kant : Filosofia crítica 142.3

Maria Alice Ferreira - Bibliotecária - CRB-8/7964

Belo Horizonte
Rua Carlos Turner, 420
Silveira . 31140-520
Belo Horizonte . MG
Tel.: (55 31) 3465 4500

São Paulo
Av. Paulista, 2.073, Conjunto Nacional
Horsa I . Sala 309 . Cerqueira César
01311-940 . São Paulo . SP
Tel.: (55 11) 3034 4468

www.grupoautentica.com.br
SAC: atendimentoleitor@grupoautentica.com.br

A Ferdinand Alquié
em testemunho de reconhecimento profundo.

9 **Introdução: O método transcendental**
  9 A Razão segundo Kant
 11 Primeiro sentido da palavra "faculdade"
 12 Faculdade superior de conhecer
 14 Faculdade superior de desejar
 16 Segundo sentido da palavra "faculdade"
 18 Relação entre os dois sentidos da palavra "faculdade"

21 **Capítulo I: Relação entre as faculdades na *Crítica da razão pura***
 21 *A priori* e transcendental
 23 A revolução copernicana
 25 A síntese e o entendimento legislador
 28 Papel da imaginação
 29 Papel da razão
 32 Problema da relação entre as faculdades: o senso comum
 35 Uso legítimo, uso ilegítimo

39 **Capítulo II: Relação entre as faculdades na *Crítica da razão prática***
 39 A razão legisladora
 40 Problema da liberdade
 44 Papel do entendimento
 47 O senso comum moral e os usos ilegítimos
 51 Problema da realização
 54 Condições da realização
 55 Interesse prático e interesse especulativo

59 Capítulo III: Relação entre as faculdades na *Crítica da faculdade do juízo*

59 Há uma forma superior do sentimento?

61 Senso comum estético

64 Relação entre as faculdades no Sublime

66 Ponto de vista da gênese

68 O simbolismo na Natureza

70 O simbolismo na arte, ou o gênio

72 O juízo é uma faculdade?

75 Da estética à teleologia

83 Conclusão: Os fins da razão

83 Doutrina das faculdades

85 Teoria dos fins

89 A história ou a realização

93 Bibliografia sumária

Introdução

O método transcendental

A RAZÃO SEGUNDO KANT. – Kant define a filosofia como "a ciência da relação de todos os conhecimentos com os fins essenciais da razão humana"; ou como "o amor que o ser racional experimenta pelos fins supremos da razão humana".[1] Os fins supremos da Razão formam o sistema da *Cultura*. Nessas definições, já reconhecemos uma dupla luta: contra o empirismo; contra o racionalismo dogmático.

Para o empirismo, a razão não é, propriamente falando, faculdade dos fins. Estes remetem a uma afetividade primeira, a uma "natureza" capaz de estabelecê-los. A originalidade da razão consiste antes numa certa maneira de realizar fins comuns ao homem e ao animal. A razão é faculdade de agenciar meios indiretos, oblíquos; a cultura é astúcia, cálculo, desvio. Decerto, os meios originais reagem sobre os fins, e os transformam; porém, em última instância, os fins são sempre os fins da natureza.

---

[1] *Crítica da razão pura (CRP)* e *Opus postumum*. [Deleuze não informa as edições das obras de Kant com que trabalha, mas tudo indica que é ele próprio que traduz as citações que faz. Para manter a coerência com a leitura que ele propõe, optamos por traduzi-las a partir do francês em vez de utilizar traduções disponíveis em português. Além disso, mantivemos o caráter sumário das referências para que o texto não perdesse sua agilidade. (N.T.)]

Contra o empirismo, Kant afirma que há fins da cultura, fins próprios à razão. Mais do que isso: só os fins culturais da razão podem ser ditos absolutamente últimos. "O fim último é um fim tal que a *natureza* não pode bastar para efetivá-lo e realizá-lo em conformidade com a ideia, pois esse fim é absoluto".[2]

Os argumentos de Kant quanto a essa questão são de três tipos. *Argumento de valor*: se a razão só servisse para realizar fins da natureza, ela não teria um valor superior ao da simples animalidade (decerto ela deve ter, já que existe, uma utilidade e um uso naturais; mas ela só existe em relação com uma utilidade mais alta de que extrai seu valor). *Argumento pelo absurdo*: se a Natureza quisesse... (se a natureza quisesse realizar seus próprios fins num ser dotado de razão, seria um equívoco confiar-se ao que há de racional nele, ela teria feito melhor deixando isso por conta do instinto, seja no que diz respeito aos meios, seja no que diz respeito ao fim). *Argumento de conflito*: se a razão fosse apenas uma faculdade dos meios, ficaria difícil entender como dois tipos de fins poderiam se opor no homem, como espécie animal e como espécie moral (por exemplo, deixo de ser uma criança do ponto de vista da Natureza quando me torno capaz de ter filhos; mas ainda sou uma criança do ponto de vista da cultura, não tendo um ofício, tendo tudo por aprender).

O racionalismo, por sua vez, reconhece decerto que o ser racional busca fins propriamente racionais. Mas, aqui, o que a razão apreende como fim é ainda algo de exterior e de superior: um Ser, um Bem, um Valor, tomados como regra da vontade. A partir daí, há menos diferença do que se costuma acreditar entre o racionalismo e o empirismo. Um fim é uma representação que determina a vontade. Na medida em que a representação é a de algo exterior à vontade, importa pouco que ela seja sensível ou puramente racional; de qualquer jeito, ela só determina o querer pela satisfação ligada ao "objeto" que ela representa. Quer consideremos uma representação sensível *ou racional*, "o sentimento de prazer por meio do qual

---

[2] *Crítica da faculdade do juízo (CFJ)*, § 84.

elas formam o princípio determinante da vontade [...] é de uma única e mesma espécie, não apenas na medida em que só pode ser conhecido empiricamente como também por afetar uma única e mesma força vital".[3]

Contra o racionalismo, Kant argumenta que os fins supremos não são apenas fins da razão, mas que a razão não faz mais que estabelecer a si mesma ao estabelecê-los. Nos fins da razão, é a razão que toma a si mesma por fim. Há, portanto, *interesses* da razão; porém, além disso, a razão é a única *juíza* de seus próprios interesses. Os fins ou interesses da razão não podem ser julgados nem pela experiência nem por outras instâncias que permaneceriam exteriores ou superiores à razão. Kant recusa de antemão as decisões empíricas e os tribunais teológicos. "Todos os conceitos, e mesmo todas as questões que a razão pura nos propõe, residem não na experiência, mas na razão [...]. Foi a razão que, sozinha, engendrou essas ideias em seu seio; é ela, portanto, que deve prestar conta de seu valor ou de sua inanidade".[4] Uma Crítica imanente, a razão como juíza da razão, esse é o princípio essencial do método dito transcendental. Método que se propõe a determinar: 1º) a verdadeira natureza dos interesses ou dos fins da razão; 2º) os meios de realizar esses interesses.

PRIMEIRO SENTIDO DA PALAVRA "FACULDADE". – Toda representação está em relação com algo de outro, objeto e sujeito. Distinguimos tantas *faculdades do espírito* quantos são os tipos de relações. Em primeiro lugar, uma representação pode ser relacionada ao objeto do ponto de vista do acordo ou da conformidade: esse caso, o mais simples, define a *faculdade de conhecer*. Mas, em segundo lugar, a representação pode entrar numa relação de causalidade com seu objeto. Esse é o caso da *faculdade de desejar*: "faculdade de

---

[3] *Crítica da razão prática (CRPr)*, Analítica, escólio I do teorema 2.

[4] *CRP*, Metodologia, "Da impossibilidade em que está a razão em desacordo consigo mesma de encontrar a paz no ceticismo".

ser, por meio de suas representações, causa da realidade dos objetos dessas representações". (Objetarão que há desejos impossíveis; mas, nesse exemplo, uma relação causal ainda está implicada na representação como tal, embora se choque com uma outra causalidade que vem contradizê-la. A superstição demonstra de maneira suficiente que mesmo a consciência de nossa impotência "não consegue refrear nossos esforços"[5]). Por fim, a representação está em relação com o sujeito na medida em que tem um efeito sobre ele, na medida em que o afeta intensificando ou entravando sua força vital. Essa terceira relação define como faculdade *o sentimento de prazer e de dor*.

Talvez não haja prazer sem desejo, desejo sem prazer, prazer e desejo sem conhecimento..., etc. Mas a questão não é essa. Não se trata de saber, de fato, quais misturas ocorrem. Trata-se de saber se cada uma dessas faculdades, tal como definida de direito, é capaz de uma *forma superior*. Diz-se que uma faculdade tem uma forma superior quando encontra *em si mesma* a lei de seu próprio exercício (mesmo se, dessa lei, decorre uma relação necessária com uma das outras faculdades). Logo, sob sua forma superior, uma faculdade é *autônoma*. A *Crítica da razão pura* começa por perguntar: há uma faculdade superior de conhecer? A *Crítica da razão prática*: há uma faculdade superior de desejar? A *Crítica da faculdade do juízo*: há uma forma superior do prazer e da dor? (Por muito tempo Kant não acreditou nesta última possibilidade.)

FACULDADE SUPERIOR DE CONHECER. –

Uma representação não basta por si mesma para formar um conhecimento. Para conhecer algo, é preciso não apenas que tenhamos uma representação, mas que saiamos dela "para reconhecer uma outra como estando ligada a ela". O conhecimento, portanto, é síntese de representações. "Pensamos encontrar fora do conceito *A* um predicado *B* que é estranho a esse conceito, mas que acreditamos dever ligar a ele"; afirmamos do objeto de uma representação algo que não está contido nessa representação.

---

[5] *CFJ*, Introdução, § 3.

Ora, uma síntese como essa se apresenta sob duas formas: *a posteriori*, quando depende da experiência. Se digo "esta linha reta é branca", trata-se de um encontro entre duas determinações indiferentes: nem toda linha reta é branca, e aquela que é não o é necessariamente.

Ao contrário, quando digo "a linha reta é o caminho mais curto", ou "tudo o que muda tem uma causa", opero uma síntese *a priori*: afirmo *B* de *A* como lhe estando necessária e universalmente ligado. (Logo, *B* é ele próprio uma representação *a priori*; já *A* pode ser ou não.) As características do *a priori* são o universal e o necessário. Mas a definição do *a priori* é: independente da experiência. Pode ser que o *a priori* se aplique à experiência e, em certos casos, só se aplique a ela; mas ele não *deriva* dela. Por definição, não há experiência que corresponda às palavras "todos", "sempre", "necessariamente"... *O mais curto* não é um comparativo ou o resultado de uma indução e sim uma regra *a priori* por meio da qual produzo uma linha como linha reta. *Causa* também não é o produto de uma indução e sim um conceito *a priori* por meio do qual reconheço na experiência algo que acontece.

Enquanto a síntese é empírica, a faculdade de conhecer aparece sob sua forma inferior: pois encontra sua lei na experiência e não em si mesma. Mas a síntese *a priori* define uma faculdade superior de conhecer. Esta, de fato, já não se pauta por objetos que lhe forneceriam uma lei; ao contrário, é a síntese *a priori* que atribui ao objeto uma propriedade que não estava contida na representação. É preciso, portanto, que o próprio objeto seja submetido à síntese de representação, que ele próprio se paute por nossa faculdade de conhecer, e não o inverso. Quando a faculdade de conhecer encontra em si mesma sua própria lei, passa a legislar sobre os objetos de conhecimento.

É por isso que a determinação de uma forma superior da faculdade de conhecer é ao mesmo tempo a determinação de um interesse da Razão: "Conhecimento racional e conhecimento *a priori* são coisas idênticas", ou, os próprios juízos sintéticos *a priori* são princípios daquilo a que devemos chamar "as ciências teoréticas da razão".[6] Um interesse da razão se define por aquilo pelo que a razão se interessa, em função do estado superior de uma faculdade. *A Razão experimenta naturalmente um interesse especulativo; e o experimenta pelos objetos que estão necessariamente submetidos à faculdade de conhecer sob sua forma superior.*

Se perguntamos agora: "quais são esses objetos?", logo vemos que seria contraditório responder "as coisas em si". Como uma coisa *tal como ela é em si* poderia estar submetida a nossa faculdade de conhecer e se pautar por ela? Só podem fazer isso, em princípio, os objetos *tais como eles aparecem*, isto é, os "fenômenos". (Assim, na *Crítica da razão pura*, a síntese *a priori* é independente da experiência, mas só se aplica aos objetos da experiência.) Vemos, portanto, que o interesse especulativo da razão incide naturalmente sobre os fenômenos e somente sobre eles. E Kant não precisou de longas demonstrações para chegar a esse resultado: esse é um ponto de partida da *Crítica*, o verdadeiro problema da *Crítica da razão pura* começa para além disso. Se só houvesse o interesse especulativo, dificilmente a razão se engajaria um dia em considerações sobre as coisas em si.

FACULDADE SUPERIOR DE DESEJAR. – A faculdade de desejar supõe uma representação que determine a vontade. Mas basta, desta vez, invocar a existência de representações *a priori* para que a síntese da vontade e da representação seja ela própria *a priori*? Na verdade, o problema se coloca de maneira completamente diversa. Mesmo quando uma representação é *a priori*, ela determina a vontade por intermédio de um prazer ligado ao objeto que ela representa: a síntese permanece, portanto, empírica ou *a posteriori*; a vontade, determinada de maneira "patológica"; a faculdade de desejar, num estado inferior. Para que esta alcance sua forma superior, é preciso que a representação deixe de ser uma representação de *objeto*, mesmo *a priori*. É preciso que ela seja a representação de uma pura forma. "Se de uma lei se retira por

---

[6] *CRPr*, Prefácio; *CRP*, Introdução, V.

abstração toda matéria, isto é, todo objeto da vontade como princípio determinante, resta apenas a simples forma de uma legislação universal".[7] A faculdade de desejar é, portanto, superior, e a síntese prática que corresponde a ela é *a priori* quando a vontade não é mais determinada pelo prazer e sim pela simples forma da lei. Então, a faculdade de desejar já não encontra sua lei fora de si, numa matéria ou num objeto, mas em si mesma: e por isso é dita autônoma.[8]

Na lei moral, é a razão por si mesma (sem o intermédio de um sentimento de prazer ou de dor) que determina a vontade. Há, portanto, um interesse da razão correspondente à faculdade superior de desejar: *interesse prático*, que não se confunde nem com um interesse empírico nem com o interesse especulativo. Kant está sempre relembrando que a Razão prática é profundamente "interessada". Pressentimos a partir daí que a *Crítica da razão prática* vai se desenvolver paralelamente à *Crítica da razão pura*: trata-se, em primeiro lugar, de saber qual é a natureza desse interesse, e sobre o que ele incide. Ou seja: já que a faculdade de desejar encontra em si mesma sua própria lei, sobre o que incide essa legislação? Quais são os seres ou os objetos que se acham submetidos à síntese prática? Talvez, contudo, apesar do paralelismo das perguntas, a resposta aqui seja muito mais complexa que no caso precedente. Permitam-me, portanto, deixar para mais tarde o exame dessa resposta. (Mais do que isso: permitam-me provisoriamente não examinar a questão de uma forma superior do prazer e da dor, pois o próprio sentido dessa questão supõe as duas outras *Críticas*.)

Basta-nos, por enquanto, reter o princípio de uma tese essencial da *Crítica* em geral: há interesses da razão que *diferem em natureza*. Esses interesses formam um sistema orgânico e

---

[7] *CRPr*, Analítica, teorema 3.

[8] Quanto à *Crítica da razão prática*, remeto à introdução de Ferdinand Alquié na edição francesa das Presses Universitaires de France e ao livro de Joseph Vialatoux, *La Morale de Kant* [A moral de Kant] (ver "Bibliografia sumária" no final do volume).

hierarquizado, que é o dos fins do ser racional. Ocorre que os racionalistas retêm unicamente o interesse especulativo: os interesses práticos lhes parecem tão somente decorrer desse. Mas essa inflação do interesse especulativo tem duas consequências embaraçosas: enganamo-nos sobre os verdadeiros fins da especulação e, sobretudo, *restringimos* a razão a um só dos seus interesses. Sob o pretexto de desenvolver o interesse especulativo, mutila-se a razão em seus interesses mais profundos. A ideia de uma pluralidade (e de uma hierarquia) sistemática dos interesses, em conformidade com o primeiro sentido da palavra "faculdade", domina o método kantiano. Essa ideia é um verdadeiro princípio, princípio de um sistema dos fins.

SEGUNDO SENTIDO DA PALAVRA "FACULDADE". – Num primeiro sentido, "faculdade" remete às diversas relações de uma representação em geral. Mas, num segundo sentido, designa uma fonte específica de representações. Distinguiremos, portanto, tantas faculdades quantas espécies houver de representações. O quadro mais simples, do ponto de vista do conhecimento, é este: 1º) Intuição (representação singular que se refere imediatamente a um objeto de experiência e que tem sua fonte na *sensibilidade*); 2º) Conceito (representação que se refere mediatamente a um objeto de experiência, por intermédio de outras representações, e que tem sua fonte no *entendimento*); 3º) Ideia (conceito que ultrapassa ele próprio a possibilidade da experiência e que tem sua fonte na *razão*).[9]

Contudo, a noção de representação, tal como a empregamos até agora, permanece vaga. De uma maneira mais precisa, devemos distinguir *a representação* e *aquilo que se apresenta*. O que se apresenta a nós é, inicialmente, o objeto tal como ele aparece. Mas chamar isso de objeto é inadequado. O que se apresenta a nós ou o que aparece na intuição é, inicialmente, o fenômeno enquanto diversidade sensível empírica (*a posteriori*).

---

[9] *CRP*, Dialética, "Das ideias em geral".

Vemos que, em Kant, fenômeno não quer dizer aparência e sim aparição.[10] O fenômeno aparece no espaço e no tempo: o espaço e o tempo são para nós as formas de qualquer aparição possível, as formas puras da nossa intuição ou da nossa sensibilidade. Enquanto tais, são também apresentações: só que, dessa vez, apresentações *a priori*. O que se apresenta, portanto, não é apenas a diversidade fenomenal empírica no espaço e no tempo, mas a diversidade pura *a priori* do próprio espaço e do próprio tempo. A intuição pura (o espaço e o tempo) é precisamente a única coisa que a sensibilidade *apresenta a priori*.

Para sermos precisos, não devemos dizer que a própria intuição *a priori* é uma *representação*, nem que a sensibilidade é uma fonte de representações. O que conta na representação é o prefixo: *re*-presentação implica uma retomada ativa do que se apresenta; portanto, uma atividade e uma unidade que se distinguem da passividade e da diversidade próprias à sensibilidade como tal. Desse ponto de vista, não precisamos mais definir o conhecimento como uma síntese de representações. É a própria re-presentação que se define como conhecimento, isto é, como *a síntese daquilo que se apresenta*.

Devemos distinguir, por um lado, a sensibilidade intuitiva como faculdade de recepção; por outro, as faculdades ativas como fontes de verdadeiras representações. Considerada em sua atividade, a síntese remete à *imaginação*; em sua unidade, ao *entendimento*; em sua totalidade, à *razão*. Temos, portanto, três faculdades ativas que intervêm na síntese, mas que também são fontes de representações específicas quando consideramos uma delas em relação a uma das outras: a imaginação, o entendimento, a razão. Nossa constituição é tal que temos uma faculdade receptiva e três ativas. (Podemos supor outros seres, diversamente constituídos; por exemplo: um ser divino cujo entendimento seria intuitivo e produziria o diverso. Mas então, todas as suas faculdades se

---

[10] *CRP*, Estética, § 8: "Não digo que os corpos não fazem mais do que parecer existir fora de mim [...]. Estaria errado se visse uma pura *aparência* naquilo que deveria ver como *um fenômeno*".

reuniriam numa unidade eminente. A ideia de um tal Ser como limite pode inspirar nossa razão, mas não expressa nossa razão nem sua situação em relação a nossas outras faculdades.)

RELAÇÃO ENTRE OS DOIS SENTIDOS DA PALAVRA "FACULDADE".

– Consideremos uma faculdade no primeiro sentido: sob sua forma superior ela é autônoma e legislativa; legisla sobre objetos que lhe estão submetidos; e corresponde a ela um interesse da razão. A primeira pergunta da *Crítica* em geral era então: quais são essas formas superiores, quais são esses interesses e sobre o que incidem? Mas aí sobrevém uma segunda pergunta: como um interesse da razão se realiza? Ou seja: o que garante a submissão dos objetos, *como* eles são submetidos? O que verdadeiramente legisla na faculdade considerada? A imaginação? O entendimento? Ou a razão? Vê-se que uma faculdade estando definida no primeiro sentido da palavra, de tal maneira que corresponda a ela um interesse da razão, devemos ainda procurar uma faculdade, no segundo sentido, capaz de realizar esse interesse ou de assegurar a tarefa legisladora. Em outros termos, nada nos garante que a razão se encarregue ela mesma de realizar *seu próprio* interesse.

Tomemos o exemplo da *Crítica da razão pura*. Esta começa por descobrir a faculdade superior de conhecer, logo o interesse especulativo da razão. Esse interesse incide sobre os fenômenos; de fato, não sendo coisas em si, os fenômenos podem estar submetidos à faculdade de conhecer, e mesmo devem estar para que o conhecimento seja possível. Mas é preciso perguntar, por outro lado, qual é a faculdade, como fonte de representações, que assegura essa submissão e realiza esse interesse. Qual é a faculdade (no segundo sentido) que legisla *na* própria faculdade de conhecer? A célebre resposta de Kant é que só o entendimento legisla na faculdade de conhecer ou no interesse especulativo da razão. Não é, pois, a razão que cuida, aqui, de seu próprio interesse: "A razão pura abandona tudo ao entendimento...".[11]

---

[11] *CRP*, Dialética, "Das ideias transcendentais".

É de se imaginar que a resposta não será idêntica para cada *Crítica*: assim, na faculdade superior de desejar – portanto no interesse prático da razão –, é a própria razão que legisla, não deixando a mais ninguém o cuidado de realizar seu próprio interesse.

A segunda pergunta da *Crítica* em geral comporta ainda um outro aspecto: uma faculdade legisladora, enquanto fonte de representações, não suprime todo emprego das outras faculdades. Quando o entendimento legisla no interesse de conhecer, a imaginação e a razão não deixam por isso de desempenhar um papel inteiramente *original*, mas conforme a tarefas determinadas pelo entendimento. Já quando a própria razão legisla no interesse prático, é o entendimento que deve, por sua vez, desempenhar um papel original, numa perspectiva determinada pela razão..., etc. A cada *Crítica*, o entendimento, a razão e a imaginação entrarão em relações diferentes, sob a presidência de uma dessas faculdades. Há, portanto, variações sistemáticas na relação entre faculdades, dependendo do interesse da razão que consideramos. Em suma: a tal faculdade no primeiro sentido da palavra (faculdade de conhecer, faculdade de desejar, sentimento de prazer ou de dor) deve corresponder tal relação entre faculdades no segundo sentido da palavra (imaginação, entendimento, razão). É assim que a doutrina das faculdades forma uma verdadeira rede, constitutiva do método transcendental.

Capítulo I
Relação entre as faculdades
na *Crítica da razão pura*

A PRIORI E TRANSCENDENTAL. – Os critérios do *a priori* são o necessário e o universal. O *a priori* se define como independente da experiência precisamente porque a experiência nunca nos "dá" nada que seja universal e necessário. As palavras "todos", "sempre", "necessariamente" ou mesmo "amanhã" não remetem a algo na experiência: não derivam da experiência, ainda que se apliquem a ela. Ora, quando conhecemos, empregamos essas palavras: dizemos *mais* do que aquilo que nos é dado, *superamos* os dados da experiência. – Muito se falou da influência de Hume sobre Kant. Hume, de fato, foi o primeiro a definir o conhecimento por essa superação. Conheço, não quando constato "vi o sol nascer mil vezes", e sim quando julgo: "o sol vai nascer *amanhã*", "*todas as vezes* que a água atinge 100°C ela *necessariamente* entra em ebulição"...

Kant pergunta em primeiro lugar: qual é o fato do conhecimento (*quid facti*)? O fato do conhecimento é que temos representações *a priori* (graças às quais julgamos). Estas podem ser simples "apresentações": o espaço e o tempo, formas *a priori* da intuição, intuições elas próprias *a priori*, que se distinguem das apresentações empíricas ou dos conteúdos *a posteriori* (por exemplo, a cor vermelha). Ou "representações" propriamente ditas: a substância, a causa, etc., conceitos *a priori* que se distinguem dos conceitos empíricos (por exemplo, o conceito de "leão"). A pergunta *"Quid facti?"* é o objeto da *metafísica*. Que o espaço e o tempo sejam apresentações ou intuições *a priori*, esse é o objeto do que Kant chama de "exposição metafísica" do espaço e do tempo. Que o entendimento disponha de conceitos *a priori* (categorias), que se deduzem das formas do juízo, esse é o objeto do que Kant chama de "dedução metafísica" dos conceitos.

Se superamos o que nos é dado na experiência isso ocorre graças a princípios que são os nossos, princípios necessariamente *subjetivos*. O dado não pode fundar a operação por meio da qual superamos o dado. Contudo, não basta termos princípios, é preciso ainda que tenhamos a ocasião de exercê-los. Digo "o sol vai nascer amanhã", mas amanhã não se torna presente sem que o sol efetivamente nasça. Perderíamos rapidamente a ocasião de exercer nossos princípios se a própria experiência não viesse confirmar e como que preencher nossas superações dos dados. É preciso então que o dado da experiência seja ele próprio submetido a princípios do mesmo gênero que os princípios subjetivos que regem nossa maneira de proceder. Se o sol ora nascesse ora não nascesse; "se o cinábrio ora fosse vermelho, ora preto, ora leve, ora pesado; se um homem se transformasse ora num animal, ora em outro, se durante um longo dia a terra ora estivesse coberta de frutos, ora de gelo e de neve, minha imaginação empírica não teria a chance de receber no pensamento o pesado cinábrio com a representação da cor vermelha"; "nossa imaginação empírica jamais teria algo a fazer que fosse conforme a sua potência, e assim permaneceria escondida no fundo do espírito como uma faculdade morta e desconhecida para nós mesmos".[12]

Logo se vê o ponto em que Kant rompe com Hume. Hume tinha percebido que o conhecimento implicava princípios subjetivos por meio dos quais superávamos o dado. Mas esses princípios lhe pareciam tão somente princípios da *natureza humana*, princípios psicológicos de associação concernentes a nossas próprias representações. Kant transforma o problema: o que se apresenta

---

[12] *CRP*, Analítica, 1ª ed., "Da síntese da reprodução na imaginação".

a nós de maneira a formar uma natureza deve necessariamente obedecer a princípios do mesmo gênero (mais do que isso, *aos mesmos princípios*) que aqueles que regulam o curso de nossas representações. São os mesmos princípios que devem dar conta de nossos procedimentos subjetivos e também do fato de que o dado se submete a nossos procedimentos. O que equivale a dizer que a subjetividade dos princípios não é uma subjetividade empírica ou psicológica, mas uma subjetividade "transcendental".

É por isso que à questão de fato sucede uma questão mais alta: uma questão de direito, *quid juris*? Não basta constatar que realmente temos representações *a priori*. É preciso ainda que expliquemos por que e como essas representações se aplicam necessariamente à experiência uma vez que não derivam dela. Por que e como o dado que se apresenta na experiência está necessariamente submetido aos mesmos princípios que regulam *a priori* nossas representações (e, portanto, submetidos a nossas próprias representações *a priori*)? Essa é a questão de direito. – *A priori* designa representações que não derivam da experiência. "Transcendental" designa o princípio em virtude do qual a experiência está necessariamente submetida a nossas representações *a priori*. É por isso que à exposição metafísica do espaço e do tempo sucede uma exposição transcendental. E à dedução metafísica das categorias uma dedução transcendental. "Transcendental" qualifica o princípio de uma submissão necessária dos dados da experiência a nossas representações *a priori* e, correlativamente, de uma aplicação necessária das representações *a priori* à experiência.

A REVOLUÇÃO COPERNICANA. – No racionalismo dogmático, a teoria do conhecimento se fundava na ideia de uma *correspondência* entre o sujeito e o objeto, de um *acordo* entre a ordem das ideias e a ordem das coisas. Esse acordo tinha dois aspectos: implicava em si mesmo uma finalidade; e exigia um princípio teológico como fonte e garantia dessa harmonia, dessa finalidade. Mas é curioso ver que, numa perspectiva completamente diferente, o empirismo de Hume recorria a um expediente semelhante: para explicar o acordo entre os princípios da Natureza e os da natureza humana, Hume era forçado a invocar explicitamente uma harmonia preestabelecida.

A ideia fundamental do que Kant chama sua "revolução copernicana" consiste no seguinte: substituir a ideia de uma harmonia entre o sujeito e o objeto (acordo *final*) pelo princípio de uma submissão *necessária* do objeto ao sujeito. A descoberta essencial é a de que a faculdade de conhecer é legisladora, ou, mais precisamente, de que há algo de legislador na faculdade de conhecer. (Assim como há algo de legislador na faculdade de desejar.) Desse modo, o ser racional descobre em si novas potências. A primeira coisa que a revolução copernicana nos ensina é que somos nós que comandamos. Há aí uma inversão da concepção antiga da Sabedoria: o sábio se definia de certo modo por suas próprias submissões, e por seu acordo "final" com a Natureza. Kant opõe à sabedoria a imagem crítica: nós, os legisladores da Natureza. Quando um filósofo, aparentemente alheio ao kantismo, anuncia a substituição de *parere* por *iubere*, mostra-se mais devedor a Kant do que imagina.[13]

Aparentemente, o problema de uma submissão do objeto poderia ser facilmente resolvido do ponto de vista de um idealismo subjetivo. Mas nenhuma solução está mais afastada do kantismo. O *realismo empírico* é uma constante da filosofia crítica. Os fenômenos não são aparências, mas tampouco são produtos de nossa atividade. Eles nos afetam na medida em que somos sujeitos passivos e receptivos. Eles podem ser submetidos a nós precisamente porque não são coisas em si. Mas como podem ser submetidos se não são produzidos por nós? Como um sujeito passivo pode ter por outro lado uma faculdade ativa, tal que as afecções que ele experimenta estejam necessariamente submetidas a essa faculdade? Em Kant, o problema da relação entre sujeito e objeto tende assim a se interiorizar: torna-se o problema de uma relação entre faculdades subjetivas que diferem em natureza (sensibilidade receptiva e entendimento ativo).

---

[13]Deleuze se refere provavelmente a Nietzsche, que valorizava o "comando" (*iubere*) em detrimento da "obediência" (*parere*). (N.T.)

A SÍNTESE E O ENTENDIMENTO LEGISLA-
DOR. – "Representação" quer dizer síntese do que se apresenta. Logo, a síntese consiste no seguinte: uma diversidade é representada, isto é, posta como encerrada numa representação. A síntese tem dois aspectos: a apreensão, por meio da qual colocamos o diverso como ocupando *um certo* espaço e um certo tempo, isto é, "produzimos" partes no espaço e no tempo; a reprodução, por meio da qual reproduzimos as partes precedentes à medida que chegamos às seguintes. A síntese, assim definida, não incide apenas sobre a diversidade tal como ela aparece no espaço e no tempo, mas sobre a diversidade do próprio espaço e do próprio tempo. Sem ela, de fato, o espaço e tempo não seriam "representados".

Essa síntese, tanto como apreensão quanto como reprodução, é sempre definida por Kant como um ato da *imaginação*.[14] Mas a pergunta é: será inteiramente exato dizer, como fizemos anteriormente, que a síntese basta para constituir o conhecimento? Em verdade, o conhecimento implica duas coisas que excedem a própria síntese: por um lado, a consciência, ou, mais precisamente, o pertencimento das representações a uma mesma consciência na qual devem estar reunidas. Ora, a síntese da imaginação, considerada em si mesma, não é de modo algum consciência de si.[15] Por outro lado, o conhecimento implica uma relação necessária com um objeto. O que constitui o conhecimento não é simplesmente o ato por meio do qual se faz a síntese do diverso, mas o ato por meio do qual se relaciona a um objeto o diverso representado (recognição: é uma mesa, é uma maçã, é tal objeto ou tal outro...).

Essas duas determinações do conhecimento têm uma relação profunda. Minhas representações são minhas na medida em

---

[14] *CRP*, Analítica, *passim* (cf. 1ª ed., "Da relação do entendimento com objetos em geral": "Há uma faculdade ativa que opera a síntese dos elementos diversos: nós a nomeamos imaginação; e à sua ação, que se exerce imediatamente nas percepções, chamo apreensão").

[15] *CRP*, Analítica, § 10.

que estão ligadas na unidade de uma consciência, de tal maneira que o "Eu penso" as acompanha. Ora, as representações não podem estar assim *unidas* numa consciência sem que o diverso que elas *sintetizam* esteja por isso mesmo referido a um objeto qualquer. Decerto só conhecemos objetos qualificados (qualificados como tal ou qual por uma diversidade). Mas o diverso nunca se referiria a um objeto se não dispuséssemos da objetividade como de uma forma em geral ("objeto qualquer", "objeto = x"). De onde vem essa forma? *O objeto qualquer* é o correlato do "Eu penso" ou da unidade da consciência, é a expressão do *Cogito*, sua objetivação formal. Assim, a verdadeira fórmula (sintética) do *Cogito* é: eu me penso e, ao me pensar, penso o objeto qualquer a que refiro uma diversidade representada.

A forma do objeto não remete à imaginação e sim ao entendimento: "Afirmo que o conceito de um objeto em geral, que não teríamos como encontrar na consciência mais clara da intuição, pertence ao entendimento como a uma faculdade particular".[16] Todo o uso do entendimento, de fato, se desenvolve a partir do "Eu penso"; mais do que isso, a unidade do "Eu penso" "é o próprio entendimento".[17] O entendimento dispõe de conceitos *a priori* a que chamamos categorias; se perguntamos como as categorias se definem, vemos que elas são ao mesmo tempo *representações da unidade da consciência* e, como tais, *predicados do objeto qualquer*. Por exemplo, nem todo objeto é vermelho, e aquele que é não o é necessariamente; mas não existe objeto que não seja necessariamente substância, causa e efeito de outra coisa, em relação recíproca com outra coisa. A categoria fornece assim à síntese da imaginação uma unidade sem a qual esta não nos permitiria nenhum conhecimento propriamente dito. Em suma, podemos dizer o que cabe ao entendimento: não é a própria síntese, é a unidade da síntese e as expressões dessa unidade.

Esta é a tese kantiana: os fenômenos estão necessariamente submetidos às categorias; a tal ponto que, por meio das categorias,

---

[16]Carta a Marcus Herz, 26 de maio de 1789.

[17]*CRP*, Analítica, § 16.

somos os verdadeiros legisladores da Natureza. Mas a questão é antes de tudo: por que é precisamente o entendimento (e não a imaginação) que é legislador? Por que é ele que legisla *na* faculdade de conhecer? – Para encontrar a resposta a essa pergunta, talvez baste comentar seus termos. É evidente que não poderíamos perguntar: por que os fenômenos estão *submetidos* ao espaço e ao tempo? Os fenômenos são aquilo que aparece, e aparecer é estar imediatamente no espaço e no tempo. "Como é unicamente por meio dessas puras formas da sensibilidade que uma coisa pode aparecer para nós, isto é, tornar-se um objeto de intuição empírica, o espaço e o tempo são puras intuições que contêm *a priori* a condição de possibilidade dos objetos como fenômenos".[18] É por isso que o espaço e o tempo são objeto de uma "exposição" e não de uma dedução; e sua exposição transcendental, comparada à exposição metafísica, não suscita nenhuma dificuldade particular. Logo, não se pode dizer que os fenômenos estejam "submetidos" ao espaço e ao tempo: não apenas porque a sensibilidade é passiva, mas sobretudo porque ela é imediata, e porque a ideia de submissão implica, ao contrário, a intervenção de um *mediador*, ou seja, de uma síntese que refira os fenômenos a uma faculdade ativa capaz de ser legisladora.

Sendo assim, a imaginação não é ela própria faculdade legisladora. A imaginação encarna precisamente a mediação, opera a síntese que refere os fenômenos ao entendimento como à única faculdade que legisla no interesse de conhecer. É por isso que Kant escreve: "A razão pura abandona tudo ao entendimento, o qual se aplica imediatamente aos objetos da intuição, ou, antes, à síntese desses objetos na imaginação".[19] Os fenômenos não estão submetidos à síntese da imaginação, estão submetidos por essa síntese ao entendimento legislador. Diferentemente do espaço e do tempo, as categorias como conceitos do entendimento constituem, portanto, o objeto de uma *dedução transcendental*, que coloca e resolve o problema particular de uma submissão dos fenômenos.

---

[18] *CRP*, Analítica, § 13.
[19] *CRP*, Dialética, "Das ideias transcendentais".

Eis como esse problema é resolvido em suas linhas gerais: 1º, todos os fenômenos estão no espaço e no tempo; 2º, a síntese *a priori* da imaginação incide *a priori* sobre o próprio espaço e sobre o próprio tempo; 3º, os fenômenos estão, portanto, necessariamente submetidos à unidade transcendental dessa síntese e às categorias que a representam *a priori*. É, de fato, nesse sentido que o entendimento é legislador: decerto, não nos diz as leis a que tais fenômenos ou tais outros obedecem do ponto de vista de sua matéria, mas constitui as leis a que todos os fenômenos estão submetidos do ponto de vista de sua forma, de tal maneira que "formam" uma *Natureza sensível* em geral.

PAPEL DA IMAGINAÇÃO. – Perguntamos agora o que o entendimento legislador faz com seus conceitos ou suas unidades de síntese. Ele *julga*: "O entendimento não pode fazer outro uso desses conceitos além de julgar por meio deles".[20] Perguntamos ainda: o que a imaginação faz com suas sínteses? De acordo com a célebre resposta de Kant, a imaginação *esquematiza*. Não se deve, pois, confundir, na imaginação, a síntese e o esquema. O esquema supõe a síntese. A síntese é a determinação de um certo espaço e de um certo tempo, por meio da qual a diversidade é referida ao objeto em geral conforme as categorias. Mas o esquema é uma determinação espaçotemporal que corresponde ela própria à categoria, em qualquer tempo e em qualquer lugar: ele não consiste numa imagem, mas *em relações espaçotemporais que encarnam ou realizam relações propriamente conceituais*. O esquema da imaginação é a condição sob a qual o entendimento legislador faz juízos com seus conceitos, juízos que servirão de princípios a todo conhecimento do diverso. Ele não responde à pergunta: como os fenômenos são submetidos ao entendimento? Mas a esta outra: como o entendimento *se aplica* aos fenômenos que estão submetidos a ele?

---

[20]*CRP*, Analítica, "Do uso lógico do entendimento em geral". A questão de saber se o *juízo* implica ou forma uma faculdade particular será examinada no Capítulo III.

Há um profundo mistério e uma arte oculta, diz Kant, no fato de que relações espaçotemporais possam ser adequadas a relações conceituais apesar de sua diferença de natureza. Mas esse texto não nos autoriza a pensar que o esquematismo seja o ato mais profundo da imaginação nem sua arte mais espontânea. O esquematismo é um ato original da imaginação: só ela esquematiza. Mas só o faz quando o entendimento preside ou tem o poder legislador. Ela só esquematiza no interesse especulativo. Quando o entendimento se encarrega do interesse especulativo, tornando-se, portanto, *determinante*, então e somente então a imaginação *é determinada* a esquematizar. Veremos mais adiante as consequências dessa situação.

PAPEL DA RAZÃO. – O entendimento julga, mas a razão *raciocina*. Ora, em conformidade com a doutrina de Aristóteles, Kant concebe o raciocínio de maneira silogística: dado um conceito do entendimento, a razão procura um meio-termo, isto é, um outro conceito que, tomado em toda sua extensão, condicione a atribuição do primeiro conceito a um objeto (assim, *homem* condiciona a atribuição de "mortal" a Caio). Desse ponto de vista, é mesmo em relação aos conceitos do entendimento que a razão exerce seu gênio próprio: "A razão chega a um conhecimento por meio de atos do entendimento que constituem uma série de condições".[21] Porém, precisamente a existência de conceitos *a priori* do entendimento (categorias) suscita um problema particular. As categorias se aplicam a todos os objetos da experiência possível; para encontrar um meio-termo que fundamente a atribuição do conceito *a priori* a *todos* os objetos, a razão já não pode se remeter a um outro conceito (mesmo *a priori*), mas ela deve formar *Ideias* que superem a possibilidade da experiência. É assim que a razão é induzida de certa maneira, em seu próprio interesse especulativo, a formar Ideias transcendentais. Estas representam a *totalidade das condições* sob as quais se atribui uma categoria de relação aos objetos da

---

[21] *CRP*, Dialética, "Das ideias transcendentais".

experiência possível; representam, portanto, algo de *incondicional*.[22] Assim se dá com o sujeito absoluto (Alma) em relação à categoria de substância; com a série completa (Mundo) em relação à categoria de causalidade; com o todo da realidade (Deus como *ens realissimum*) em relação à comunidade.

Ainda aí vemos que a razão desempenha um papel de que só ela é capaz; mas, esse papel, ela está determinada a desempenhá-lo. "A razão só tem propriamente por objeto o entendimento e seu emprego conforme a seu fim".[23] *Subjetivamente*, as Ideias da razão se referem aos conceitos do entendimento para lhes conferir ao mesmo tempo um máximo de unidade e de extensão sistemáticas. Sem a razão, o entendimento não reuniria num todo o conjunto de seus procedimentos concernentes a um objeto. É por isso que a razão, justo no momento em que abandona ao entendimento o poder legislativo no interesse do conhecimento, não deixa por isso de conservar um papel, ou, antes, *recebe em troca*, do próprio entendimento, uma função original: constituir focos ideais fora da experiência, para os quais possam convergir os conceitos do entendimento (máximo de unidade); formar horizontes superiores que reflitam e abarquem os conceitos do entendimento (máximo de extensão).[24] "A razão pura abandona tudo ao entendimento, que se aplica imediatamente aos objetos da intuição, ou antes à síntese desses objetos na imaginação. *Ela se reserva tão somente a absoluta totalidade no uso dos conceitos do entendimento, e busca levar a unidade sintética concebida na categoria até o incondicional absoluto*".[25]

Também *objetivamente* a razão tem um papel. Pois o entendimento só pode legislar sobre os fenômenos do ponto de vista da forma. Ora, suponhamos que os fenômenos estejam formalmente submetidos à unidade da síntese, mas que apresentem

---

[22] *CRP*, Dialética, "Das ideias transcendentais".

[23] *CRP*, Dialética, Apêndice, "Do uso regulador das ideias".

[24] *CRP*, Dialética, Apêndice, "Do uso regulador das ideias".

[25] *CRP*, Dialética, "Das ideias transcendentais".

do ponto de vista de sua matéria uma diversidade radical: ainda aí, o entendimento já não teria a ocasião de exercer seu poder (dessa vez: a ocasião material). "Já nem sequer haveria conceito de gênero, ou conceito geral, e por conseguinte entendimento".[26] Logo, é preciso que não apenas os fenômenos do ponto de vista da forma sejam submetidos às categorias, mas que os fenômenos do ponto de vista da matéria correspondam às Ideias da razão ou as simbolizem. Uma harmonia, uma finalidade se reintroduzem nesse nível. *Porém*, vê-se que, aqui, a harmonia é simplesmente postulada entre a matéria dos fenômenos e as Ideias da razão. De fato, está fora de questão dizer que a razão legisla sobre a matéria dos fenômenos. Ela deve é supor uma unidade sistemática da Natureza, colocar essa unidade como problema ou como limite, e pautar todos os seus procedimentos pela ideia desse limite ao infinito. A razão é, pois, essa faculdade que diz: tudo se passa como se... Ela não afirma de modo algum que a totalidade e a unidade das condições estejam dadas no objeto, mas tão somente que os objetos nos permitem tender a essa unidade sistemática como ao mais alto grau de nosso conhecimento. Assim, os fenômenos em sua matéria correspondem mesmo às Ideias, e as Ideias à matéria dos fenômenos; mas, no lugar de uma submissão necessária e determinada, não temos aqui mais que uma correspondência, um acordo indeterminado. A ideia não é uma ficção, diz Kant; ela tem um valor objetivo, possui um objeto; mas esse objeto é ele próprio "indeterminado", "problemático". *Indeterminado* em seu objeto, *determinável* por analogia com os objetos da experiência, carregando o ideal de uma *determinação infinita* em relação aos conceitos do entendimento: esses são os três aspectos da Ideia. A razão não se contenta então em raciocinar referindo-se aos conceitos do entendimento, ela "simboliza" em relação à matéria dos fenômenos.[27]

---

[26]*CRP*, Dialética, Apêndice, "Do uso regulador das ideias".

[27]A teoria do simbolismo só aparecerá na *Crítica da faculdade do juízo*. Mas "a analogia" tal como descrita no "Apêndice à Dialética" da *Crítica da razão pura* é o primeiro esboço dessa teoria.

PROBLEMA DA RELAÇÃO ENTRE AS FACULDADES: O SENSO COMUM. – As três faculdades ativas (imaginação, entendimento, razão) entram assim numa certa relação que é função do interesse especulativo. É o entendimento que legisla e que julga; mas, sob o entendimento, a imaginação sintetiza e esquematiza, e a razão raciocina e simboliza, de tal maneira que o conhecimento tenha um máximo de unidade sistemática. Ora, todo acordo das faculdades entre si define o que se pode chamar de um *senso comum*.

"Senso comum" é uma expressão perigosa, marcada demais pelo empirismo. Sendo assim, não se deve definir senso comum como um "sentido" particular (uma faculdade particular empírica). Ele designa, ao contrário, um acordo *a priori* das faculdades, ou, mais precisamente, o resultado desse acordo.[28] Desse ponto de vista, o senso comum aparece, não como um dado psicológico, mas como a condição subjetiva de qualquer "comunicabilidade". O conhecimento implica um senso comum, sem o qual não seria comunicável e não poderia pretender à universalidade. – Nessa acepção, Kant nunca renunciará ao princípio subjetivo de um senso comum, ou seja, à ideia de uma boa natureza das faculdades, de uma natureza sã e correta que permite a estas entrarem em acordo umas com as outras e formarem proporções harmoniosas. "A mais alta filosofia, em relação aos fins essenciais da natureza humana, não pode levar mais longe do que a direção confiada ao senso comum". *Mesmo a razão*, do ponto de vista especulativo, goza de uma boa natureza que lhe permite estar em acordo com as outras faculdades: as Ideias "nos são dadas pela natureza da nossa razão, e é impossível que esse tribunal supremo de todos os direitos e de todas as pretensões de nossa especulação encerre ele próprio ilusões e ludíbrios originais".[29]

Procuremos em primeiro lugar as implicações dessa teoria do senso comum, embora suscitem um problema complexo.

---

[28]*CFJ*, § 40.

[29]*CRP*, Dialética, Apêndice, "Da meta final da dialética".

Um dos pontos mais originais do kantismo é a ideia de uma *diferença de natureza entre nossas faculdades*. Essa diferença de natureza não aparece apenas entre a faculdade de conhecer, a faculdade de desejar e o sentimento de prazer e de dor, mas também entre as faculdades como fontes de representações. Sensibilidade e entendimento diferem em natureza, uma como faculdade de intuição, o outro como faculdade de conceitos. Ainda aqui, Kant se opõe ao mesmo tempo ao dogmatismo e ao empirismo que, cada um à sua maneira, afirmavam uma simples diferença de grau (seja diferença de clareza, a partir do entendimento; seja diferença de vivacidade, a partir da sensibilidade). Mas então, para explicar como a sensibilidade passiva entra em acordo com o entendimento ativo, Kant invoca a síntese e o esquematismo da imaginação que se aplica *a priori* às formas da sensibilidade em conformidade com os conceitos. Só que, assim, o problema é apenas deslocado: pois a imaginação e o entendimento diferem eles próprios em natureza, e o acordo entre essas duas faculdades ativas não é menos "misterioso". (Assim como o acordo entendimento-razão).

Parece que Kant esbarra numa dificuldade tremenda. Vimos que ele recusava a ideia de uma harmonia preestabelecida entre o sujeito e o objeto: ele a substituía pelo princípio de uma submissão necessária do objeto ao sujeito. Mas aqui ele não volta a encontrar a ideia de harmonia, simplesmente transposta para o nível das faculdades do sujeito que diferem em natureza? Decerto essa transposição é original. Mas não basta invocar um acordo harmonioso das faculdades, nem um senso comum como resultado desse acordo; a *Crítica* em geral exige um princípio do acordo, como uma gênese do senso comum. (Esse problema de uma harmonia das faculdades é tão importante que Kant tende a reinterpretar a história da filosofia nessa perspectiva: "Estou persuadido de que Leibniz com sua harmonia preestabelecida, que ele estendia a tudo, não pensava na harmonia de dois seres distintos, ser sensível e ser inteligível, mas na harmonia de duas faculdades de um único e mesmo ser em que sensibilidade e entendimento entram em acordo para um conhecimento de experiência".[30] Mas essa re-interpretação é ela própria ambígua: parece indicar que Kant invoca um princípio supremo finalista e teológico, *da mesma maneira* que seus predecessores. "Se queremos julgar a origem dessas faculdades, embora semelhante pesquisa esteja totalmente além dos limites da razão humana, não podemos indicar outro fundamento senão nosso divino criador".[31])

Contudo, consideremos mais de perto o senso comum sob sua forma especulativa (*sensus communis logicus*). Ele exprime a harmonia das faculdades no interesse especulativo da razão, isto é, sob a presidência do entendimento. O acordo entre as faculdades é aqui determinado pelo entendimento, ou, o que quer dizer a mesma coisa, faz-se *sob* conceitos determinados do entendimento. Devemos prever que, do ponto de vista de um outro interesse da razão, as faculdades entram numa outra relação, sob a determinação de uma outra faculdade, de maneira a formar um outro senso comum: por exemplo, um senso comum moral, sob a presidência da própria razão. É por isso que Kant diz que o acordo entre faculdades é capaz de *diversas proporções* (dependendo se é tal faculdade ou tal outra que determina a relação).[32] Porém, cada vez que nos situamos assim do ponto de vista de uma relação ou de um acordo já determinado, já especificado, é fatal que o senso comum nos pareça uma espécie de fato *a priori* para além do qual não podemos remontar.

O que equivale a dizer que as duas primeiras *Críticas* não conseguem resolver o problema originário da relação entre as faculdades, mas apenas indicar e nos remeter a esse problema como a uma tarefa última. Todo acordo determinado supõe, de fato, que as faculdades, mais profundamente, sejam capazes de um acordo livre e indeterminado.[33] É somente no nível desse

---

[30]Carta a Marcus Herz, 26 de maio de 1789.

[31]Carta a Marcus Herz, 26 de maio de 1789.

[32]*CFJ*, § 21.

[33]*CFJ*, § 21.

acordo livre e indeterminado (*sensus communis aestheticus*) que *poderá ser colocado* o problema de um fundamento do acordo ou de uma gênese do senso comum. Por isso não devemos esperar nem da *Crítica da razão pura* nem da *Crítica da razão prática* a resposta a uma questão que só ganhará seu verdadeiro sentido na *Crítica da faculdade do juízo*. No que diz respeito a um fundamento para a harmonia das faculdades, as duas primeiras *Críticas* só encontram sua conclusão na última.

USO LEGÍTIMO, USO ILEGÍTIMO. – 1°) Só os fenômenos podem ser submetidos à faculdade de conhecer (seria contraditório que as coisas em si o fossem). O interesse especulativo incide, pois, naturalmente sobre os fenômenos; as coisas em si não são objeto de um interesse especulativo natural. – 2°) Como, de maneira mais precisa, os fenômenos são submetidos à faculdade de conhecer, e a quê nessa faculdade? Eles são submetidos, pela síntese da imaginação, ao entendimento e aos seus conceitos. Logo, é o entendimento que legisla na faculdade de conhecer. Se a razão é levada assim a abandonar ao entendimento o cuidado com seu próprio interesse especulativo é porque ela mesma não se aplica aos fenômenos, e forma Ideias que superam a possibilidade da experiência. – 3°) O entendimento legisla sobre os fenômenos do ponto de vista de sua forma. Como tal, aplica-se e deve se aplicar exclusivamente ao que está submetido a ele: não nos fornece nenhum conhecimento das coisas tais como elas são em si.

Essa explicação não dá conta de um dos temas fundamentais da *Crítica da razão pura*. Por motivos diversos, o entendimento e a razão são profundamente atormentados pela ambição de nos fazer conhecer as coisas em si. A tese de que há *ilusões internas* e *usos ilegítimos* das faculdades é constantemente recordada por Kant. A imaginação às vezes sonha em vez de esquematizar. Mais do que isso: em vez de se aplicar exclusivamente aos fenômenos ("uso experimental"), o entendimento pretende às vezes aplicar seus conceitos às coisas tais como elas são em si ("uso transcendental"). E isso ainda não é o mais grave. Em vez de se aplicar aos conceitos do entendimento ("uso imanente ou regulador"), a razão pretende às vezes se aplicar diretamente a objetos e legislar no domínio do conhecimento ("uso transcendente ou constitutivo"). Por que isso é o mais grave? O uso transcendental do entendimento supõe apenas que este se abstraia de sua relação com a imaginação. Ora, essa abstração teria efeitos unicamente negativos se o entendimento não fosse impelido pela razão que lhe dá a ilusão de um domínio positivo a conquistar fora da experiência. Como diz Kant, o uso transcendental do entendimento ocorre quando este simplesmente *negligencia* seus próprios limites, ao passo que o uso transcendente da razão nos *intima* a transpor os limites do entendimento.[34]

Aliás, é por isso mesmo que a *Crítica da razão pura* merece seu título: Kant denuncia as ilusões especulativas da Razão, os falsos problemas a que ela nos arrasta, concernentes à alma, ao mundo e a Deus. E substitui o conceito tradicional de *erro* (o erro como produto, no espírito, de um determinismo externo) pelo de *falsos problemas* e *ilusões internas*. Essas ilusões são ditas inevitáveis, por resultarem da própria natureza da razão.[35] Tudo o que a *Crítica* pode fazer é conjurar os efeitos da ilusão sobre o próprio conhecimento, mas não impedir sua formação na faculdade de conhecer.

Dessa vez, tocamos num problema que concerne plenamente à *Crítica da razão pura*. Como conciliar a ideia das ilusões internas da razão ou do uso ilegítimo das faculdades com esta outra ideia, não menos essencial ao kantismo: a de que nossas faculdades (*inclusive a razão*) são dotadas de uma boa natureza e entram em acordo entre si no interesse especulativo? De um lado, dizem-nos que o interesse especulativo da razão incide natural e exclusivamente sobre os fenômenos; do outro, que a razão não pode evitar sonhar com um conhecimento das coisas em si e "se interessar" por elas do ponto de vista especulativo.

---

[34] *CRP*, Dialética, "Da aparência transcendental".

[35] *CRP*, Dialética, "Dos raciocínios dialéticos da razão pura" e Apêndice.

Examinemos com maior precisão os dois principais usos ilegítimos. O uso transcendental consiste nisto: o entendimento *pretende conhecer alguma coisa em geral* (portanto, independentemente das condições da sensibilidade). Sendo assim, esse algo só pode ser a coisa tal como ela é em si; e esta só pode ser pensada como suprassensível ("número"). Mas, na verdade, é impossível que um número seja um objeto positivo para o nosso entendimento. Nosso entendimento tem por correlata a forma do objeto qualquer ou do objeto em geral; porém, precisamente, este só é objeto de conhecimento na medida em que é qualificado por uma diversidade que referimos a ele sob as condições da sensibilidade. Um conhecimento de objeto em geral, que não estaria restrito às condições de nossa sensibilidade, é simplesmente um "conhecimento sem objeto". "O uso puramente transcendental das categorias na verdade não é um uso e não tem objeto determinado nem sequer objeto determinável quanto à forma".[36]

Já o uso transcendente consiste na razão pretender por si mesma *conhecer algo de determinado*. (Ela determina um objeto como correspondente à Ideia). Embora tenha uma formulação aparentemente inversa do uso transcendental do entendimento, o uso transcendente da razão chega ao mesmo resultado: só podemos determinar o objeto de uma Ideia supondo que ele existe *em si* em conformidade com as categorias.[37] Mais do que isso: é essa suposição que impele o próprio entendimento a seu uso transcendental ilegítimo, inspirando-lhe a ilusão de um conhecimento do objeto.

Por melhor que seja sua natureza, é doloroso para a razão ter que abandonar o cuidado com seu próprio interesse especulativo e confiar ao entendimento o poder legislativo. Mas, nesse sentido, podemos observar que as ilusões da razão triunfam sobretudo na medida em que esta permanece no *estado*

---

[36] *CRP*, Analítica, "Do princípio da distinção de todos os objetos em geral em fenômenos e números".

[37] *CRP*, Dialética, "Da meta final da dialética natural".

de natureza. Ora, não se deve confundir o estado de natureza da razão com seu estado civil, nem mesmo com sua lei natural que se realiza no estado civil perfeito.[38] A *Crítica* é precisamente a instauração desse estado civil: como o contrato dos juristas, ela implica, do ponto de vista especulativo, uma renúncia da razão. Mas quando a razão assim renuncia, o interesse especulativo não deixa de ser *seu próprio* interesse, e ela realiza plenamente a lei de sua própria natureza.

Contudo, essa resposta não é suficiente. Não basta referir as ilusões ou perversões ao estado de natureza, e a sã constituição ao estado civil ou mesmo à lei natural. Pois as ilusões subsistem sob a lei natural no estado civil e crítico da razão (mesmo quando já não têm o poder de nos enganar). Uma única saída se abre então: que a razão, por outro lado, experimente um interesse legítimo e natural pelas coisas em si, mas um interesse que não seja especulativo. Como os interesses da razão não permanecem indiferentes entre si, mas formam um sistema hierarquizado, é inevitável que a sombra do interesse mais alto se projete sobre o outro. Então, até mesmo a ilusão assume um sentido positivo e bem-fundado a partir do momento em que deixa de nos enganar: ela exprime à sua maneira a subordinação do interesse especulativo num sistema dos fins. A razão especulativa jamais se interessaria pelas coisas em si se estas não fossem antes de tudo e verdadeiramente o objeto de um outro interesse da razão.[39] Devemos então perguntar: que interesse mais alto é esse? (E é precisamente porque o interesse especulativo não é o mais alto que a razão pode se remeter ao entendimento na legislação da faculdade de conhecer.)

---

[38] *CRP*, Metodologia, "Disciplina da razão pura em relação a seu uso polêmico".

[39] *CRP*, Metodologia, "Da meta final do uso puro de nossa razão".

Capítulo II
Relação entre as faculdades
na *Crítica da razão prática*

A RAZÃO LEGISLADORA. – Vimos que a faculdade de desejar era capaz de uma forma superior: quando era determinada não por representações de objetos (sensíveis ou intelectuais), não por um sentimento de prazer ou de dor que ligaria representações desse tipo à vontade, mas pela representação de uma pura forma. Essa forma pura é a de uma legislação universal. A lei moral não se apresenta como um universal comparativo e psicológico (por exemplo: "não faça aos outros", etc.). A lei moral ordena que *pensemos* a máxima de nossa vontade como "princípio de uma legislação universal". Ao menos é conforme à moral uma ação que resiste a essa prova lógica, isto é, uma ação cuja máxima pode ser pensada sem contradição como lei universal. O universal, nesse sentido, é um absoluto lógico.

A forma de uma legislação universal pertence à Razão. O próprio entendimento, de fato, nada pensa de determinado se suas representações não são as de objetos restritos às condições da sensibilidade. Uma representação não apenas independente de qualquer sentimento, mas de qualquer matéria e de qualquer condição sensível, é necessariamente racional. Porém, aqui, a razão não raciocina: a consciência da lei moral é um fato, "não um fato empírico, mas o fato único da razão pura que se anuncia assim como originariamente legisladora".[40] A razão é, portanto, essa

---

[40] *CRPr*, Analítica, escólio da "Lei fundamental".

faculdade que legisla imediatamente na faculdade de desejar. Sob esse aspecto, ela se chama "razão pura prática". E a faculdade de desejar, encontrando sua determinação *em* si mesma (não numa matéria ou num objeto), deve ser chamada de vontade, "vontade autônoma".

No que consiste a síntese prática *a priori*? As fórmulas de Kant variam quanto a isso. Mas quando se pergunta qual é a natureza de uma vontade suficientemente determinada pela simples forma da lei (independentemente, portanto, de qualquer condição sensível ou de uma lei natural dos fenômenos), devemos responder: é uma vontade livre. E quando se pergunta qual é a lei capaz de determinar uma vontade livre enquanto tal, devemos responder: a lei moral (como pura forma de uma legislação universal). A implicação recíproca é tal que razão prática e liberdade talvez sejam a mesma coisa. Contudo, a questão não está aí. Do ponto de vista de nossas representações, é o conceito da razão prática que nos leva ao conceito da liberdade como a algo que está necessariamente ligado a esse primeiro conceito, que lhe pertence, e que, no entanto, não "reside" nele. De fato, o conceito de liberdade não reside na lei moral, já que ele próprio é uma Ideia da razão especulativa. Mas essa ideia permaneceria puramente problemática, limitativa e indeterminada, se a lei moral não nos ensinasse que somos livres. É unicamente através da lei moral que nos sabemos livres, ou que nosso conceito de liberdade adquire uma realidade objetiva, positiva e determinada. Na autonomia da vontade, encontramos então uma síntese *a priori* que fornece ao conceito da liberdade uma realidade objetiva determinada, conectando-o necessariamente ao da razão prática.

PROBLEMA DA LIBERDADE. – A questão fundamental é: sobre o que incide a legislação da razão prática? Que seres ou objetos estão submetidos à síntese prática? Essa questão não é mais a de uma "exposição" do princípio da razão prática, mas de uma "dedução". Ora, acontece que temos um fio condutor: só seres livres podem estar submetidos à razão prática. Esta legisla sobre seres livres, ou, mais exatamente, sobre a causalidade desses seres (operação por meio da qual um ser livre é causa de alguma coisa). Estamos considerando agora já não o conceito de liberdade por si mesmo, mas *o que* esse conceito *representa*.

Enquanto consideramos fenômenos tais como eles aparecem sob as condições do espaço e do tempo nada encontramos que se assemelhe à liberdade: os fenômenos estão estritamente submetidos à lei de uma *causalidade natural* (como categoria do entendimento) de acordo com a qual cada um é o efeito de um outro ao infinito, já que cada causa está ligada a uma causa anterior. A liberdade, ao contrário, se define por um poder "de começar a partir de si mesma um estado, cuja causalidade não depende (como ocorre na lei natural) de outra causa que a determina no tempo".[41] Nesse sentido, o conceito de liberdade não pode representar um fenômeno, mas apenas uma coisa em si que não é dada na intuição. Três elementos nos conduzem a essa conclusão.

1° Incidindo exclusivamente sobre os fenômenos, o conhecimento é forçado em seu próprio interesse a postular a existência das coisas em si como não podendo ser conhecidas, mas devendo ser *pensadas* para servir de fundamento aos próprios fenômenos sensíveis. As coisas em si são então pensadas como "números", coisas inteligíveis ou suprassensíveis que marcam os limites do conhecimento e o remetem às condições da sensibilidade.[42] – 2° Ao menos num caso, a liberdade é atribuída à coisa em si, e o número deve ser pensado como livre: quando o fenômeno a que ele corresponde goza de faculdades ativas e espontâneas que não se reduzem à simples sensibilidade. Temos um entendimento e, sobretudo, uma razão. Somos inteligência.[43] Enquanto inteligências ou seres racionais, devemos nos pensar como membros

---

[41] *CRP*, Dialética, "Solução das ideias cosmológicas da totalidade da derivação...".

[42] *CRP*, Analítica, "Do princípio da distinção fenômenos-números...".

[43] *CRP*, Dialética, "Esclarecimento da ideia cosmológica de liberdade".

de um mundo inteligível ou suprassensível, dotados de uma causalidade livre. – 3º Esse conceito de liberdade, assim como o de númeno, ainda permaneceria puramente problemático e indeterminado (embora necessário), se a razão não tivesse outro interesse além de seu interesse especulativo. Vimos que só a razão prática determinava o conceito de liberdade conferindo-lhe uma realidade objetiva. De fato, quando a lei moral é a lei da vontade, esta se encontra inteiramente independente das condições naturais da sensibilidade que ligam toda causa a uma causa *anterior*: "Nada é anterior a essa determinação da vontade".[44] É por isso que o conceito de liberdade, como Ideia da razão, goza de um privilégio eminente, sobrepondo-se a todas as outras Ideias: por poder ser determinado praticamente, é o único conceito (a única Ideia da razão) que confere às coisas em si o sentido ou a garantia de um "fato", e que nos faz penetrar efetivamente no mundo inteligível.[45]

Parece então que a razão prática, conferindo ao conceito de liberdade uma realidade objetiva, legisla precisamente sobre o objeto desse conceito. A razão prática legisla sobre a coisa em si, sobre o ser livre enquanto coisa em si, sobre a causalidade numenal e inteligível desse ser, sobre o mundo suprassensível formado por esses seres. "A natureza suprassensível, na medida em que podemos formar um conceito dela, não é outra coisa senão uma natureza sob a autonomia da razão prática; mas a lei dessa autonomia é a lei moral, que é assim a lei fundamental de uma natureza suprassensível..."; "a lei moral é uma lei da causalidade por liberdade; logo, uma lei da possibilidade de uma natureza suprassensível".[46] A lei moral é a lei de nossa existência inteligível, isto é, da espontaneidade e da causalidade do sujeito como coisa em si. É por isso que Kant distingue duas *legislações* e dois *domínios* correspondentes: "a legislação

---

[44]*CRPr*, Analítica, "Exame crítico".

[45]*CFJ*, § 91; *CRPr*, Prefácio.

[46]*CRPr*, Analítica, "Da dedução dos princípios da razão pura prática".

por conceitos naturais" é aquela em que o entendimento, determinando esses conceitos, legisla na faculdade de conhecer ou no interesse especulativo da razão; seu domínio é o dos fenômenos como objetos de qualquer experiência possível, na medida em que formam uma natureza sensível. "A legislação pelo conceito de liberdade" é aquela em que a razão, determinando esse conceito, legisla na faculdade de desejar; isto é, em seu próprio interesse prático; seu domínio é o das coisas em si pensadas como númenos, na medida em que formam uma natureza suprassensível. É a isso que Kant chama "o abismo imenso" entre os dois domínios.[47]

Os seres em si, em sua causalidade livre, estão, portanto, *submetidos* à razão prática. Mas em que sentido se deve compreender "submetidos"? Enquanto o entendimento se exerce sobre os fenômenos no interesse especulativo, ele legisla sobre outra coisa que não si mesmo. Mas, quando a razão legisla no interesse prático, ela legisla sobre seres racionais e livres, sobre sua existência inteligível independente de qualquer condição sensível. Logo, é o ser racional que fornece a si mesmo uma lei por meio de sua razão. Contrariamente ao que ocorre com os fenômenos, o númeno apresenta ao pensamento a identidade entre o legislador e o súdito. "Não é na medida em que a pessoa está submetida à lei moral que ela tem sublimidade em si, mas na medida em que, no que se refere a essa mesma lei, ela é ao mesmo tempo legisladora *e só a esse título está subordinada a ela*".[48] Eis então o que significa "submetido" no caso da razão prática: os mesmos seres são sujeitos[49] e legisladores, de tal modo que o legislador faz parte aqui da natureza sobre a qual legisla. Pertencemos a uma natureza suprassensível, mas a título de *membros legisladores*.

---

[47] *CFJ*, Introdução, § 2, § 9.

[48] *Fundamentos da metafísica dos costumes (FMC)*, II.

[49] Parece que Deleuze joga com a dupla acepção da palavra *"sujet"*, que também ocorre em "sujeito": sujeito no sentido de "quem age" e sujeito no sentido de súdito, de "estar sujeito a/estar submetido a". (N.E.)

Se a lei moral é a lei de nossa existência inteligível, isso se dá no sentido de que ela é a forma sob a qual os seres inteligíveis constituem uma natureza suprassensível. De fato, ela encerra um mesmo princípio determinante para todos os seres racionais, daí a união sistemática destes.[50] Compreende-se assim a possibilidade do mal. Kant sempre sustentará que o mal está numa certa relação com a sensibilidade. Mas não deixa por isso de estar fundado em nosso caráter inteligível. Uma mentira ou um crime são efeitos sensíveis, mas não deixam por isso de ter uma causa inteligível fora do tempo. É por isso, aliás, que não devemos identificar razão prática e liberdade: há sempre na liberdade uma zona de livre arbítrio por meio da qual podemos optar contra a lei moral. Quando optamos contra a lei, não deixamos de ter uma existência inteligível, perdemos apenas a condição sob a qual essa existência faz parte de uma natureza e compõe com as outras um todo sistemático. Deixamos de ser súditos,[51] mas antes de tudo porque deixamos de ser legisladores (de fato, tomamos de empréstimo à sensibilidade a lei que nos determina).

PAPEL DO ENTENDIMENTO. – É, pois, em dois sentidos muito diferentes que o sensível e o suprassensível formam cada um uma natureza. Entre as duas Naturezas, há tão somente uma "analogia" (existência sob leis). Em virtude de seu caráter paradoxal, a natureza suprassensível nunca é realizada completamente, já que nada garante a um ser racional que seus semelhantes comporão sua existência com a dele e formarão essa "natureza" que só é possível através da lei moral. É por isso que não basta dizer que a relação entre as duas naturezas é de analogia; é preciso acrescentar que o próprio suprassensível só pode ser pensado como uma natureza *por analogia com* a natureza sensível.[52]

---

[50] *FMC*, II.

[51] Ver nota 49.

[52] *FMC*, II.

Isso fica claro na prova lógica da razão prática, em que se busca saber se a máxima de uma vontade pode assumir a forma prática de uma lei universal. Perguntamo-nos primeiro se a máxima pode ser erigida em lei *teórica* universal de uma natureza *sensível*. Por exemplo, se todo mundo mentisse, as promessas se destruiriam por si mesmas, já que seria contraditório que alguém acreditasse nelas: a mentira não pode, portanto, ter o valor de uma lei da natureza (sensível). Conclui-se daí que, se a máxima de nossa vontade fosse uma lei teórica da natureza sensível, "cada um seria forçado a dizer a verdade".[53] Donde: a máxima de uma vontade mentirosa não pode sem contradição servir de lei *prática* pura a seres racionais, de maneira a que eles componham uma natureza *suprassensível*. É por analogia com a forma das leis teóricas de uma natureza sensível que buscamos saber se uma máxima pode ser pensada como lei prática de uma natureza suprassensível (isto é, se uma natureza suprassensível ou inteligível é possível sob semelhante lei). Nesse sentido, "a natureza do mundo sensível" aparece como "*tipo* de uma natureza inteligível".[54]

É evidente que o entendimento desempenha aqui o papel essencial. De fato, da natureza sensível, nada retemos que se refira à intuição ou à imaginação. Retemos unicamente "a forma da conformidade à lei" tal como esta se encontra no entendimento legislador. Mas, precisamente, nos servimos dessa forma, e do próprio entendimento, segundo um interesse e num domínio onde este *já não é* legislador. Pois não é a comparação da máxima com a forma de uma lei teórica da natureza sensível que constitui o princípio determinante da nossa vontade.[55] A comparação não passa de um meio pelo qual buscamos saber se uma máxima "se adapta" à razão prática, se uma ação é um caso que se inscreve na regra, isto é, no princípio de uma razão que é agora a única legisladora.

---

[53] *CRPr*, Analítica, "Da dedução dos princípios da razão pura prática".
[54] *CRPr*, Analítica, "Da típica do juízo puro prático".
[55] *CRPr*, Analítica, "Da típica do juízo puro prático".

E assim encontramos uma nova forma de harmonia, uma nova proporção na harmonia das faculdades. Segundo o interesse especulativo da razão, o entendimento legisla, e a razão raciocina e simboliza (determina o objeto de sua Ideia "por analogia" com os objetos da experiência). Segundo o interesse prático da razão, é a própria razão que legisla; o entendimento julga, ou mesmo raciocina (ainda que esse raciocínio seja muito simples e consista numa simples comparação), e simboliza (extrai da lei natural sensível um tipo para a natureza suprassensível). Ora, nessa nova figura, devemos manter sempre o mesmo princípio: a faculdade que não é legisladora desempenha um papel insubstituível, que só ela é capaz de desempenhar, mas que lhe é atribuído pela legisladora.

Como se explica que o entendimento possa desempenhar por si mesmo um papel conforme a uma razão prática legisladora? Consideremos o conceito de causalidade: ele está implicado na definição da faculdade de desejar (relação da representação com um objeto que ela tende a produzir).[56] Logo, está implicado no uso prático da razão concernente a essa faculdade. Porém, quando a razão persegue seu interesse especulativo, em relação à faculdade de conhecer, ela "abandona tudo ao entendimento": a causalidade é atribuída como categoria ao entendimento, não sob a forma de uma causa produtora originária (já que os fenômenos não são produzidos por nós), mas sob a forma de uma causalidade natural ou de uma conexão que liga os fenômenos sensíveis ao infinito. Quando, ao contrário, a razão persegue seu interesse prático, ela retoma ao entendimento aquilo que só tinha lhe emprestado na perspectiva de um outro interesse. Determinando a faculdade de desejar sob sua forma superior, ela "une o conceito de causalidade ao de liberdade", isto é, confere à categoria de causalidade um objeto suprassensível

---

[56] *CRPr*, Analítica, "Do direito da razão pura no uso prático a uma extensão...": "[...] no conceito de uma vontade já está contido o da causalidade".

(o ser livre como causa produtora originária).[57] Cabe perguntar como a razão pode retomar o que tinha abandonado ao entendimento e alienado, por assim dizer, na natureza sensível. Porém, precisamente, se é verdade que as categorias não nos fazem *conhecer* outros objetos que não os da experiência possível, se é verdade que não formam um conhecimento de objeto independentemente das condições da sensibilidade, nem por isso deixam de guardar um sentido puramente lógico em relação a objetos não sensíveis, e podem se aplicar a eles com a condição de que esses objetos sejam determinados de outra parte e de outro ponto de vista que não o do conhecimento.[58] Assim, a razão determina na prática um objeto suprassensível da causalidade, e determina a própria causalidade como uma causalidade livre, apta a formar uma natureza por analogia.

O SENSO COMUM MORAL E OS USOS ILEGÍTIMOS. – Kant recorda com frequência que a lei moral não tem nenhuma necessidade de raciocínios sutis; que, pelo contrário, ela se baseia no uso mais ordinário ou mais comum da razão. E mesmo o exercício do entendimento não exige qualquer instrução prévia, "nem ciência nem filosofia". Devemos, pois, falar de um senso comum moral. Decerto o perigo é sempre o de compreender "senso comum" à maneira empirista, fazer dele um sentido particular, um sentimento ou uma intuição: não haveria pior confusão no que se refere à própria lei moral.[59] Mas definimos um senso comum como um acordo *a priori* entre as faculdades, acordo determinado por uma delas enquanto faculdade legisladora. O senso comum moral é o acordo do entendimento com a razão, sob a legislação da própria razão. Voltamos a encontrar aqui a ideia de uma boa

---

[57] *CRPr*, Prefácio.

[58] *CRPr*, Analítica, "Do direito da razão pura no uso prático a uma extensão...".

[59] *CRPr*, Analítica, escólio II do teorema IV.

natureza das faculdades, e de uma harmonia determinada conforme tal interesse da razão.

Porém, tanto quanto na *Crítica da razão pura*, Kant denuncia aqui os exercícios ou os usos ilegítimos. Se a reflexão filosófica é necessária, é porque as faculdades, apesar de sua boa natureza, engendram ilusões em que não podem evitar cair. Em vez de "simbolizar" (isto é, de se servir da forma da lei natural como de um "tipo" para a lei moral), o entendimento pode vir a buscar um "esquema" que refira a lei a uma intuição.[60] Mais do que isso: em vez de comandar, sem nada conceder, em princípio, às inclinações sensíveis ou aos interesses empíricos, a razão pode vir a conciliar o dever com nossos desejos: "Daí resulta uma *dialética natural*".[61] É preciso perguntar então, mais uma vez, como se conciliam os dois temas kantianos, o de uma harmonia natural (senso comum) e o de exercícios discordantes (contrassenso).

Kant insiste na diferença entre a Crítica da Razão *pura* especulativa e a Crítica da razão prática: esta não é uma crítica da Razão "pura" prática. De fato, no interesse especulativo, a razão não pode ela mesma legislar (cuidar de seu próprio interesse): é, pois, a razão pura que é fonte de ilusões internas a partir do momento em que pretende desempenhar um papel legislador. Já no interesse prático, a razão não remete a mais ninguém o cuidado de legislar: "Quando se mostrou que ela existe, ela já não precisa de crítica".[62] Aquilo que precisa de uma crítica, aquilo que é fonte de ilusões, não é a razão pura prática e sim a impureza que se mistura a ela na medida em que os interesses empíricos se refletem nela. À crítica da razão pura especulativa corresponde, portanto, uma crítica da razão prática impura. Não obstante, alguma coisa de comum subsiste entre as duas: o método dito transcendental é sempre a determinação de um uso *imanente* da

---

[60] *CRPr*, Analítica, "Da típica do juízo puro prático".

[61] *FMC*, I (fim).

[62] *CRPr*, Introdução.

razão, em conformidade com um de seus interesses. A Crítica da Razão pura *denuncia* então o uso transcendente de uma razão especulativa que pretende legislar por si mesma; a Crítica da Razão prática *denuncia* o uso transcendente de uma razão prática que, em vez de legislar por si mesma, se deixa condicionar empiricamente.[63]

Contudo, o leitor tem o direito de se perguntar se esse paralelo célebre, que Kant estabelece entre as duas *Críticas*, responde satisfatoriamente à pergunta feita. O próprio Kant não fala de uma única "dialética" da razão prática, já que emprega a palavra em dois sentidos bastante diferentes. Ele demonstra, de fato, que a razão prática não pode evitar estabelecer uma ligação necessária entre a *felicidade* e a *virtude*, mas cai assim numa antinomia. A antinomia consiste em que a felicidade não pode ser causa da virtude (já que a lei moral é o único princípio determinante da vontade boa), e em que a virtude tampouco parece poder ser causa da felicidade (já que as leis do mundo sensível não se pautam nem um pouco pelas intenções de uma boa vontade). Ora, decerto, a ideia de felicidade implica a satisfação completa de nossos desejos e inclinações. Mesmo assim, hesitaremos em ver nessa antinomia (e, sobretudo, em seu segundo membro) o efeito de uma simples projeção dos interesses empíricos: a razão *pura* prática exige ela própria uma ligação entre a virtude e a felicidade. A antinomia da razão prática expressa mesmo uma "dialética" mais profunda que a precedente; implica uma ilusão interna da razão pura.

A explicação dessa ilusão interna pode ser assim reconstituída[64]: 1º) A razão pura prática exclui qualquer prazer ou qualquer satisfação como princípio determinante da faculdade de desejar. Porém, quando a lei a determina, a faculdade de desejar experimenta nisso uma satisfação, uma espécie de gozo negativo que expressa nossa independência em relação às inclinações sensíveis, um contentamento puramente intelectual que expressa imediatamente o acordo formal de nosso entendimento com

---

[63] *CRPr*, Introdução.

[64] *CRPr*, Dialética, "Solução crítica da antinomia".

nossa razão. – 2º) Ora, esse gozo negativo, nós o confundimos com um sentimento sensível positivo, ou até com um móbil da vontade. Confundimos esse contentamento intelectual ativo com algo de sentido, de experimentado. (É inclusive dessa maneira que o acordo entre as faculdades ativas parece ao empirista um sentido especial.) Há aí uma ilusão interna que a razão pura prática não pode evitar: "Sempre há aí a ocasião de se cometer o erro a que chamamos *vitium subreptionis* e, de certo modo, de se ter uma ilusão de óptica na consciência daquilo que se faz, diferentemente do que acontece com aquilo que se sente, ilusão que mesmo o homem mais experimentado não pode evitar completamente". – 3º) A antinomia está, portanto, no contentamento imanente da razão prática, na confusão inevitável desse contentamento com a felicidade. Então acreditamos ora que a própria felicidade é causa e móbil da virtude, ora que a virtude por si mesma é causa da felicidade.

Se é verdade, de acordo com o primeiro sentido da palavra "dialética", que os interesses ou desejos empíricos se projetam na razão e a tornam impura, essa projeção não deixa por isso de ter um princípio interior mais profundo, na própria razão prática *pura*, de acordo com o segundo sentido da palavra "dialética". A confusão do contentamento negativo e intelectual com a felicidade é uma ilusão interna que nunca pode ser inteiramente dissipada, mas cujo efeito pode ser conjurado pela reflexão filosófica. Resta que a ilusão, nesse sentido, só aparentemente é contrária à ideia de uma boa natureza das faculdades: a própria antinomia prepara uma totalização, que ela decerto é incapaz de operar, mas que ela nos força a buscar, do ponto de vista da reflexão, como sua solução própria ou a chave de seu labirinto. "A antinomia da razão pura, que se torna manifesta em sua dialética, é na verdade o erro mais benfazejo em que a razão humana pôde um dia incorrer".[65]

---

[65] *CRPr*, Dialética, "De uma dialética da razão pura prática em geral".

PROBLEMA DA REALIZAÇÃO. – A sensibilidade e a imaginação não têm até agora nenhum papel no senso comum moral. Não é de surpreender, já que a lei moral, em seu princípio como em sua aplicação típica, é independente de qualquer esquema e de qualquer condição da sensibilidade; já que os seres e a causalidade livres não são o objeto de nenhuma intuição; já que a Natureza suprassensível e a natureza sensível estão separadas por um abismo. Há, de fato, uma ação da lei moral sobre a sensibilidade. Mas a sensibilidade é considerada aqui como sentimento, não como intuição; e o efeito da lei é ele próprio um sentimento negativo mais do que positivo, mais próximo da dor que do prazer. É esse o sentimento de respeito da lei, determinável *a priori* como o único "móbil" moral, mas que rebaixa a sensibilidade mais do que lhe dá um papel na relação entre as faculdades. (Vê-se que o móbil moral não pode ser fornecido pelo contentamento intelectual de que falávamos há pouco; este não é de modo algum um sentimento, mas apenas um "análogo" de sentimento. Só o respeito pela lei fornece semelhante móbil; ele apresenta a própria moralidade como móbil).[66]

Mas o problema da relação entre a razão prática e a sensibilidade não é assim nem resolvido nem suprimido. O respeito serve antes de regra preliminar a uma tarefa que falta preencher positivamente. *Um único contrassenso é perigoso no que concerne ao conjunto da Razão prática*: acreditar que a moral kantiana permanece indiferente a sua própria realização. Na verdade, o abismo entre o mundo sensível e o mundo suprassensível só existe para ser preenchido: se o suprassensível escapa ao conhecimento, se não há uso especulativo da razão que nos faça passar do sensível ao suprassensível, em compensação "este deve ter uma influência sobre aquele, e o conceito de liberdade deve realizar no mundo sensível o fim imposto por suas leis".[67]

---

[66]*CRPr*, Analítica, "Dos móbiles da razão pura prática". (Decerto o respeito é positivo, mas tão somente "por sua causa intelectual".)

[67]*CFJ*, Introdução, § 2.

O mundo suprassensível é *arquétipo*, e o mundo sensível "*éctipo*, porque contém o efeito possível da ideia do primeiro".[68] Uma causa livre é puramente inteligível; mas devemos considerar que é *o mesmo ser* que é fenômeno e coisa em si, submetido à necessidade natural como fenômeno, fonte de causalidade livre como coisa em si. Mais do que isso: é *a mesma ação*, o mesmo efeito sensível que remete, por um lado, a um encadeamento de causas sensíveis segundo o qual ele é necessário, mas que, por outro lado, com suas causas, remete ele próprio a uma Causa livre de que é o signo ou a expressão. Uma causa livre nunca tem seu efeito em si mesma, já que nela nada acontece ou começa; *a livre causalidade só pode ter efeito sensível*. A partir daí, a razão prática, como lei da causalidade livre, deve ela própria "ter causalidade em relação aos fenômenos".[69] E a natureza suprassensível, que os seres livres formam sob a lei da razão, deve ser realizada no mundo sensível. É nesse sentido que se pode falar de uma ajuda ou de uma oposição entre a natureza e a liberdade, na medida em que os efeitos sensíveis da liberdade na natureza são ou não conformes à lei moral. "Oposição ou ajuda só existem entre a natureza como fenômeno, e os *efeitos* da liberdade como fenômenos no mundo sensível".[70] Sabemos que há duas legislações, logo dois domínios, que correspondem à natureza e à liberdade, à natureza sensível e à natureza suprassensível. Porém, existe apenas um único *terreno*, o da experiência.

Kant apresenta assim aquilo a que chama "o paradoxo do método numa Crítica da razão prática": uma representação de objeto nunca pode determinar a vontade livre ou preceder a lei moral; mas, ao determinar imediatamente a vontade, a lei moral determina também objetos como conformes a essa vontade livre.[71] Mais precisamente, *quando a razão legisla na*

---

[68] *CRPr*, Analítica, "Da dedução dos princípios da razão pura prática".

[69] *CRP*, Dialética.

[70] *CFJ*, Introdução, § 9.

[71] *CRPr*, Analítica, "Do conceito de um objeto da razão pura prática".

faculdade de desejar, a faculdade de desejar legisla ela própria sobre objetos. Esses objetos da razão prática formam o que se chama o Bem moral (é em referência à representação do bem que experimentamos o contentamento intelectual). Ora, "o bem moral é, quanto ao objeto, algo de suprassensível". Mas ele representa esse objeto como algo a realizar no mundo sensível, isto é, "como um efeito possível através da liberdade".[72] É por isso que, em sua definição mais geral, o interesse prático se apresenta como uma relação da razão com objetos, não para conhecê-los, mas para *realizá-los*.[73]

A lei moral é inteiramente independente da intuição e das condições da sensibilidade; a Natureza suprassensível é independente da Natureza sensível. Os próprios bens são independentes de nosso poder físico de realizá-los, e só são determinados (em conformidade com a prova lógica) pela possibilidade moral de querer a ação que os realiza. Resta que a lei moral nada é separada de suas consequências sensíveis; nem a liberdade separada de seus efeitos sensíveis. Bastava a partir de então apresentar a lei como legislando sobre a causalidade de seres em si, sobre uma pura natureza suprassensível? Decerto seria absurdo dizer que os fenômenos estão submetidos à lei moral como princípio da razão prática. A Natureza sensível não tem a moralidade por lei; e os efeitos da liberdade tampouco podem prejudicar o mecanismo como lei da Natureza sensível, já que se encadeiam necessariamente uns aos outros de maneira a formar "um único fenômeno" que expressa a causa livre. A liberdade nunca produz um milagre no mundo sensível. Mas, se é verdade que a razão prática só legisla sobre o mundo sensível e sobre a causalidade livre dos seres que o compõem, resta que toda essa legislação faz desse mundo suprassensível algo que deve ser "realizado" no sensível, e dessa causalidade livre algo que deve ter efeitos sensíveis que expressem a lei moral.

---

[72] *CRPr*, Analítica, "Do conceito de um objeto da razão pura prática".

[73] *CRPr*, Analítica, "Exame crítico".

CONDIÇÕES DA REALIZAÇÃO. – Mas ainda é preciso que essa realização seja possível. Se não o fosse, a lei moral desabaria sozinha.[74] Ora, a realização do bem moral supõe um acordo da natureza sensível (*segundo suas leis*) com a natureza suprassensível (segundo sua lei). Esse acordo se apresenta na ideia de uma proporção entre a felicidade e a moralidade, isto é, na ideia do Soberano Bem como "totalidade do objeto da razão pura prática". Mas se perguntamos como o Soberano Bem é possível por sua vez, logo realizável, esbarramos na antinomia: está fora de questão que o desejo da felicidade seja o móbil da virtude; mas também parece estar fora de questão que a máxima da virtude seja a causa da felicidade, já que a lei moral não legisla sobre o mundo sensível, e que este é regido por suas próprias leis, que permanecem indiferentes às intenções morais da vontade. Contudo, essa segunda direção deixa aberta uma solução: que a conexão da felicidade com a virtude não seja imediata, mas se faça na perspectiva de um progresso que vai ao infinito (alma imortal) e pelo intermédio de um autor inteligível da natureza sensível ou de uma "causa moral do mundo" (Deus). Assim, as Ideias da alma e de Deus são as condições necessárias sob as quais o objeto da razão prática é ele próprio colocado como possível e realizável.[75]

Já vimos que a liberdade (como Ideia cosmológica de um mundo suprassensível) recebia uma realidade objetiva da lei moral. Eis que, por sua vez, a Ideia psicológica da alma e a Ideia teológica do ser supremo recebem sob essa mesma lei moral uma realidade objetiva. De tal modo que as três grandes Ideias da razão especulativa podem ser colocadas no mesmo plano, já que têm em comum serem problemáticas e indeterminadas do ponto de vista da especulação mas receberem da lei moral uma determinação prática: nesse sentido, e na medida em que são determinadas praticamente, são chamadas "postulados da razão prática": elas são objeto de

---

[74] *CRPr*, Dialética, "A antinomia da razão prática".

[75] *CRPr*, Dialética, "Sobre os postulados da razão pura prática".

uma "crença pura prática".[76] Porém, mais precisamente, observaremos que a determinação prática não incide da mesma maneira sobre as três Ideias. Só a Ideia de liberdade é imediatamente determinada pela lei moral: a liberdade, então, é menos um postulado que uma "matéria de fato" ou o objeto de uma proposição categórica. As duas outras ideias, como "postulados", são apenas condições do objeto necessário de uma vontade livre: "Vale dizer que sua possibilidade é provada pelo fato de que a liberdade é real".[77]

Mas os postulados serão mesmo as únicas condições de uma realização do suprassensível no sensível? Na verdade, ainda são necessárias condições imanentes à própria Natureza sensível, que devem fundar nesta a capacidade de expressar ou simbolizar algo de suprassensível. Elas se apresentam sob três aspectos: a finalidade natural na matéria dos fenômenos; a forma da finalidade da natureza nos objetos belos; o sublime no informe da natureza, por meio do qual a própria natureza sensível atesta a existência de uma finalidade mais alta. Ora, nesses dois últimos casos, vemos a *imaginação* desempenhar um papel fundamental: quer ela se exerça livremente, sem estar sob a dependência de um conceito determinado do entendimento; quer ela supere seus próprios limites e se sinta ilimitada, referindo-se ela própria a Ideias da razão. Assim, a consciência da moralidade, isto é, o senso comum moral, não comporta apenas crenças, mas também os atos de uma imaginação através dos quais a Natureza sensível aparece como apta a receber o efeito do suprassensível. A própria imaginação faz realmente parte, portanto, do senso comum moral.

INTERESSE PRÁTICO E INTERESSE ESPECULATIVO. – "Pode-se atribuir a cada poder do espírito um interesse, isto é, um princípio que contém a condição sob a qual

---

[76] *CRPr*, Dialética, "Do assentimento oriundo de uma necessidade da razão pura".

[77] *CRPr*, Introdução; *CFJ*, § 91.

esse poder é posto em exercício".[78] Os interesses da razão se distinguem dos interesses empíricos já que incidem sobre objetos, mas somente na medida em que estes estão submetidos à forma superior de uma faculdade. Assim, o interesse especulativo incide sobre os fenômenos na medida em que estes formam uma natureza sensível. Já o interesse prático incide sobre os seres racionais como coisas em si na medida em que eles formam uma natureza suprassensível a realizar.

Os dois interesses diferem em natureza, de tal maneira que a razão não faz nenhum progresso especulativo quando entra no domínio que seu interesse prático abre para ela. A *liberdade* como Ideia especulativa é problemática, em si mesma indeterminada; quando recebe da lei moral uma determinação prática imediata, a razão especulativa não ganha nada em extensão. "Ela só ganha aí no que concerne à garantia de seu problemático conceito de liberdade, ao qual damos aqui uma realidade objetiva que, embora simplesmente prática, não deixa por isso de ser indubitável".[79] De fato, não conhecemos mais do que antes a natureza de um ser livre; não temos nenhuma intuição que possa dizer respeito a ele. Sabemos apenas, por meio da lei moral, que um ser assim existe e possui uma causalidade livre. O interesse prático é tal que a relação da representação com um objeto não forma um conhecimento, mas designa algo a realizar. E tampouco *a alma* e *Deus*, como Ideias especulativas, recebem de sua determinação prática uma extensão do ponto de vista do conhecimento.[80]

Mas os dois interesses não estão simplesmente coordenados. É evidente que o interesse especulativo está subordinado ao interesse prático. O mundo sensível não apresentaria interesse especulativo se, do ponto de vista de um interesse mais alto, não demonstrasse a possibilidade de realizar o suprassensível. É por isso que as Ideias da própria razão especulativa só têm

---

[78] *CRPr*, Dialética, "Da supremacia da razão pura prática".

[79] *CRPr*, Analítica, "Da dedução dos princípios da razão pura prática".

[80] *CRPr*, Dialética, "Sobre os postulados da razão pura prática em geral".

determinação direta prática. Isso fica claro no que Kant chama "crença". Uma crença é uma proposição especulativa, mas que só se torna assertória através da determinação que recebe da lei moral. Assim, a crença não remete a uma faculdade particular, mas expressa a síntese entre o interesse especulativo e o interesse prático, ao mesmo tempo que a subordinação do primeiro ao segundo. Donde a superioridade da prova moral da existência de Deus sobre todas as provas especulativas. Pois, enquanto objeto de conhecimento, Deus só é determinável indireta e analogicamente (como aquilo de que os fenômenos extraem um máximo de unidade sistemática); mas, enquanto objeto de crença, ele adquire uma determinação e uma realidade exclusivamente práticas (autor moral do mundo).[81]

Um interesse em geral implica um conceito de *fim*. Ora, se é verdade que a razão em seu uso especulativo não renuncia a encontrar fins na natureza sensível que ela observa, esses fins materiais nunca representam uma meta final, não mais que essa mesma observação da natureza. "O fato de ser conhecido não confere ao mundo nenhum valor; é preciso supor que ele tenha uma meta final que atribua algum valor a essa observação do mundo".[82] Meta final, de fato, significa duas coisas: aplica-se a seres que devem ser considerados como *fins em si*, e que, por outro lado, devem dar à natureza sensível um *fim último a realizar*. A meta final é, portanto, necessariamente o conceito da razão prática ou da faculdade de desejar sob sua forma superior: só a lei moral determina o ser racional como fim em si, já que ela constitui uma meta final no uso da liberdade, mas ao mesmo tempo o determina como fim último da natureza sensível, já que nos intima a realizar o suprassensível unindo a felicidade universal à moralidade. "Se a criação tem um fim último, só podemos conceber este em harmonia com o fim moral, que só ele torna possível o conceito de fim [...]. A razão prática não só indica a meta final como também determina esse conceito

---

[81] *CFJ*, §§ 87 e 88.

[82] *CFJ*, § 86.

em relação às condições sob as quais uma meta final *da criação* pode ser concebida por nós".[83] O interesse especulativo só encontra fins na natureza sensível porque, mais profundamente, o interesse prático implica o ser racional como fim em si, e também como fim último dessa natureza sensível ela própria. Nesse sentido, é preciso dizer que "todo interesse é prático, e o próprio interesse da razão especulativa é apenas condicionado, só se tornando completo no uso prático".[84]

---

[83] *CFJ*, § 88.

[84] *CRPr*, Dialética, "Da supremacia da razão pura prática". (Cf. *FMC*, III: "Um interesse é aquilo por meio do que a razão se torna prática [...]. O interesse lógico da razão, que é o de desenvolver seus conhecimentos, nunca é imediato, mas supõe fins aos quais se reporta o uso dessa faculdade".)

CAPÍTULO III
Relação entre as faculdades na
Crítica da faculdade do juízo

HÁ UMA FORMA SUPERIOR DO SENTIMENTO?
— Essa pergunta significa: há representações que determinam
a priori um estado do sujeito como prazer ou dor? Não é esse o
caso de uma sensação: o prazer ou a dor que ela produz (sentimento) só pode ser conhecido empiricamente. E o mesmo
se dá quando a representação do objeto existe *a priori*. Invo-
caremos a lei moral como representação de uma pura forma?
(O respeito como efeito da lei seria o estado superior da dor;
o contentamento intelectual, o estado superior do prazer). A
resposta de Kant é negativa.[85] Pois o contentamento não é um
efeito sensível nem um sentimento particular, mas um "análogo" intelectual do sentimento. E o próprio respeito só é um
efeito na medida em que é um sentimento negativo; em sua
positividade, ele se confunde com a lei como móbil mais do
que deriva dela. Em regra geral, é impossível que a faculdade
de sentir atinja sua forma superior quando ela própria encontra
sua lei na forma inferior ou superior da faculdade de desejar.

O que seria então um prazer superior? Ele não deveria
estar ligado a nenhum atrativo sensível (interesse empírico
pela existência do objeto de uma sensação), nem a nenhuma

---

[85] *CFJ*, § 12.

inclinação intelectual (interesse prático puro pela existência de um objeto da vontade). A faculdade de sentir só pode ser superior sendo *desinteressada* em seu princípio. O que conta não é a existência do objeto representado, mas o simples efeito de uma representação sobre mim. O que equivale a dizer que um prazer superior é a expressão sensível de um *juízo* puro, de uma pura operação de julgar.[86] Essa operação se apresenta inicialmente no juízo estético do tipo "é bonito".

Mas qual é a representação que, no julgamento estético, pode ter como efeito esse prazer superior? Já que a existência material do objeto permanece indiferente, trata-se ainda da representação de uma pura forma. Mas, dessa vez, é uma forma de objeto. E essa forma não pode ser simplesmente a da intuição, que nos reporta a objetos exteriores que existem materialmente. Em verdade, "forma" significa agora isto: reflexão de um objeto singular na imaginação. A forma é aquilo que a imaginação reflete de um objeto, por oposição ao elemento material das sensações que esse objeto provoca na medida em que existe e age sobre nós. Kant se pergunta: uma cor ou um som podem ser ditos belos por si mesmos? Talvez o fossem se, em vez de apreender materialmente seu efeito qualitativo sobre nossos sentidos, fôssemos capazes por nossa imaginação de refletir as vibrações de que eles se compõem. Mas a cor e o som são materiais demais, estão entranhados demais em nossos sentidos para se refletirem assim na imaginação: são adjuvantes, mais do que elementos da beleza. O essencial é o desenho, a composição, que são precisamente manifestações da reflexão formal.[87]

A representação refletida da forma é causa, no juízo estético, do prazer superior do belo. Devemos então constatar que o estado superior da faculdade de sentir apresenta duas características paradoxais intimamente ligadas uma à outra. Por um lado, contrariamente ao que ocorria no caso das outras

---

[86] *CFJ*, § 9.

[87] *CFJ*, § 14.

faculdades, a forma superior não define aqui nenhum interesse da razão: o prazer estético é tão independente do interesse especulativo quanto do interesse prático, e se define ele próprio como inteiramente desinteressado. Por outro, a faculdade de sentir sob sua forma superior não é legisladora: toda legislação implica objetos sobre os quais possa se exercer e que lhe estejam submetidos. Ora, não apenas o juízo estético é sempre particular, do tipo "esta rosa é bela" (já que a proposição "as rosas são belas em geral" implica uma comparação e um juízo lógicos),[88] como, sobretudo, ele não legisla nem sequer sobre seu objeto singular, já que permanece inteiramente indiferente a sua existência. Kant recusa, portanto, o emprego da palavra "autonomia" para a faculdade de sentir sob sua forma superior: impotente para legislar sobre objetos, o juízo só pode ser *heautônomo*, isto é, ele só legisla sobre si mesmo.[89] A faculdade de sentir não tem *domínio* (nem fenômenos nem coisas em si); não expressa condições a que um gênero de objetos deve estar submetido, mas unicamente condições subjetivas para o exercício das faculdades.

SENSO COMUM ESTÉTICO. – Quando dizemos "é bonito", não queremos dizer simplesmente "é agradável": pretendemos a certa objetividade, a certa necessidade, a certa universalidade. Mas a pura representação do objeto belo é particular: a objetividade do juízo estético, portanto, não tem conceito, ou (o que dá no mesmo) sua necessidade e sua universalidade são subjetivas. Cada vez que um conceito determinado (figuras geométricas, espécies biológicas, ideias racionais) intervém, o juízo estético deixa de ser puro ao mesmo tempo que a beleza deixa de ser livre.[90] A faculdade de sentir, sob sua forma superior, não pode depender nem do interesse especulativo nem do prático. É por isso que o que é admitido

---

[88] *CFJ*, § 8.

[89] *CFJ*, Introdução, §§ 4 e 5.

[90] *CFJ*, § 16 (*pulchritudo vaga*).

como universal e necessário no juízo estético é tão somente o prazer. Supomos que nosso prazer é de direito comunicável ou válido para todos, presumimos que cada um deve senti-lo. Essa presunção, essa suposição não chega sequer a ser um "postulado", já que exclui qualquer conceito determinado.[91]

Entretanto, essa suposição seria impossível se o entendimento não interviesse de alguma maneira. Já vimos qual era o papel da imaginação: ela reflete um objeto singular do ponto de vista da forma. Ao fazer isso, não se refere a um conceito determinado do entendimento. Mas se refere ao próprio entendimento como à faculdade dos conceitos em geral; refere-se a um conceito *indeterminado* do entendimento. Ou seja: a imaginação em sua liberdade pura entra em acordo com o entendimento em sua legalidade não especificada. Poderíamos dizer, em última análise, que a imaginação, aqui, "esquematiza sem conceito".[92] Mas o esquematismo é sempre o ato de uma imaginação que já não é mais livre, que se vê determinada a agir em conformidade com um conceito do entendimento. Na verdade, a imaginação faz outra coisa que não esquematizar: manifesta sua liberdade mais profunda refletindo a forma do objeto, "ela se efetiva, de certa maneira, na contemplação da figura", torna-se imaginação produtiva e espontânea "como causa de formas arbitrárias de intuições possíveis".[93] Eis aí, portanto, um acordo entre a imaginação como livre e o entendimento como indeterminado. Eis aí *um acordo ele próprio livre e indeterminado* entre faculdades. Devemos dizer desse acordo que ele define um senso comum propriamente estético (o gosto). De fato, o prazer que supomos comunicável e válido para todos nada mais é que o resultado desse acordo. Por não se realizar sob um conceito determinado, o livre jogo da imaginação e do entendimento não pode ser intelectualmente

---

[91] *CFJ*, § 8.

[92] *CFJ*, § 35.

[93] *CFJ*, § 16 e "Observação geral sobre a primeira seção da analítica".

conhecido, mas tão somente sentido.[94] Nossa suposição de uma "comunicabilidade do sentimento" (sem a intervenção de um conceito) se funda, portanto, na ideia de um acordo subjetivo entre as faculdades na medida em que esse acordo forma ele próprio um senso comum.[95]

Poderíamos acreditar que o senso comum estético *completa* os dois precedentes: no senso comum lógico e no senso comum moral, ora o entendimento, ora a razão legislam e determinam a função das outras faculdades; agora seria a vez da imaginação. Mas não pode ser assim. A faculdade de sentir não legisla sobre objetos; logo, não há *nela* uma faculdade (no segundo sentido da palavra) que seja legisladora. O senso comum estético não representa um acordo objetivo das faculdades (ou seja, uma submissão de objetos a uma faculdade dominante, a qual determinaria ao mesmo tempo o papel das outras faculdades em relação a esses objetos), mas uma pura harmonia subjetiva em que a imaginação e o entendimento se exercem espontaneamente, cada um por sua conta. Sendo assim, o senso comum estético não completa os dois outros; *ele os funda ou os torna possíveis.* Jamais uma faculdade assumiria um papel legislador e determinante se todas as faculdades em conjunto não fossem primeiro capazes dessa livre harmonia subjetiva.

Mas então nos achamos diante de um problema particularmente difícil. Explicamos a universalidade do prazer estético ou a comunicabilidade do sentimento superior pelo livre acordo das faculdades. Mas basta presumir, supor *a priori* esse livre acordo? Ele não deve, ao contrário, ser *produzido* em nós? Ou seja: o senso comum estético não deve ser objeto de uma *gênese*, gênese propriamente transcendental? Esse problema domina a primeira parte da *Crítica da faculdade do juízo*; e sua solução comporta diversos momentos complexos.

---

[94] *CFJ*, § 9.
[95] *CFJ*, §§ 39 e 40.

RELAÇÃO ENTRE AS FACULDADES NO SUBLIME. – Enquanto permanecemos no âmbito do juízo estético do tipo "é bonito", a razão não parece ter nenhum papel: só o entendimento e a imaginação intervêm. Além disso, uma forma superior do prazer é encontrada, não uma forma superior da dor. Mas o juízo "é bonito" é apenas um tipo de juízo estético. Devemos considerar o outro tipo, "é sublime". No Sublime, a imaginação se entrega a uma atividade completamente diferente da reflexão formal. O sentimento do sublime é experimentado diante do informe ou do disforme (imensidão ou pujança). Tudo se passa então como se a imaginação fosse confrontada com seu próprio limite, forçada a atingir seu máximo, sofrendo uma violência que a leva à extremidade de seu poder. Decerto a imaginação não tem limite enquanto se trata de *apreender* (apreensão sucessiva de partes). Mas, quando deve reproduzir as partes precedentes à medida que chega às seguintes, ela tem um limite máximo de *compreensão* simultânea. Diante do imenso, a imaginação experimenta a insuficiência desse máximo, "busca aumentá-lo e recai em si mesma".[96] À primeira vista, atribuímos ao objeto natural, isto é, à Natureza sensível, essa imensidão que reduz nossa imaginação à impotência. Mas, na verdade, é unicamente a *razão* que nos força a reunir num todo a imensidão do mundo sensível. Esse todo é a Ideia do sensível na medida em que este tem por substrato algo de inteligível ou suprassensível. A imaginação aprende então que é a razão que a impele até o limite de seu poder, forçando-a a confessar que toda sua potência nada é em comparação com uma Ideia.

O Sublime nos coloca, portanto, em presença de uma relação subjetiva direta entre a imaginação e a razão. Porém, mais do que um acordo, essa relação é em primeiro lugar um *desacordo*, uma contradição vivida entre a exigência da razão e a potência da imaginação. É por isso que a imaginação parece perder sua liberdade, e o sentimento do sublime, ser uma dor mais do que um prazer. Mas, no fundo do desacordo, o acordo

---

[96] *CFJ*, § 26.

surge; a dor torna possível um prazer. Quando a imaginação é colocada em presença de seu limite por alguma coisa que a ultrapassa por todos os lados, ela mesma ultrapassa seu próprio limite, ainda que de maneira negativa, representando-se a inacessibilidade da Ideia racional e fazendo dessa própria inacessibilidade algo de presente na natureza sensível. "A imaginação, que fora do sensível não encontra nada onde se manter, se sente, no entanto, ilimitada graças ao desaparecimento de suas fronteiras; e essa abstração é uma apresentação do infinito que, por essa razão, só pode ser negativa, mas que, no entanto, *amplia* a alma".[97] Esse é o acordo-discordante entre a imaginação e a razão: não apenas a razão tem uma "destinação suprassensível", *como também a imaginação*. Nesse acordo, a alma é sentida como a unidade suprassensível indeterminada de todas as faculdades; nós mesmos somos referidos a um foco, como a um "ponto de concentração" no suprassensível.

Então, vê-se que o acordo imaginação-razão não é simplesmente presumido: ele é verdadeiramente *engendrado*, engendrado no desacordo. É por isso que o senso comum que corresponde ao sentimento do sublime não se separa de uma "cultura" como movimento de sua gênese.[98] E é nessa gênese que aprendemos o essencial referente a nosso destino. De fato, as Ideias da razão são especulativamente indeterminadas, mas praticamente determinadas. Esse já é o princípio da diferença entre o Sublime matemático do imenso e o Sublime dinâmico da potência (um coloca em jogo a razão do ponto de vista da faculdade de conhecer, o outro, do ponto de vista da faculdade de desejar).[99] De tal modo que, no sublime dinâmico, o destino suprassensível de nossas faculdades aparece como *a predestinação de um ser moral*. O senso do sublime é engendrado em nós de tal maneira que prepara uma finalidade mais alta, e nos prepara para o advento da lei moral.

---

[97] *CFJ*, § 29, "Observação geral".

[98] *CFJ*, § 29.

[99] *CFJ*, § 24.

PONTO DE VISTA DA GÊNESE. – O difícil é encontrar o princípio de uma gênese análoga para o sentido do belo. Pois, no sublime, tudo é subjetivo, relação subjetiva entre faculdades; o sublime só se refere à natureza por projeção, e essa projeção se efetiva sobre o que há de informe ou de disforme na natureza. Também no belo, nos encontramos diante de um acordo subjetivo; mas este se faz nesse caso de forma objetiva, de tal modo que um problema de dedução se coloca a propósito do belo, um problema que não se colocava em relação ao sublime.[100] A análise do sublime nos colocou no caminho, já que nos apresentava um senso comum que não era apenas presumido, mas engendrado. Porém, uma gênese do sentido do belo coloca um problema mais difícil, porque exige um princípio cujo alcance seja objetivo.[101]

Sabemos que o prazer estético é inteiramente desinteressado, já que ele em nada diz respeito à existência de um objeto. O belo não é objeto de um interesse da razão. Mas *resta que ele pode estar ligado sinteticamente a um interesse racional.* Suponhamos que seja assim: o prazer do belo não deixa de ser desinteressado, mas o interesse ao qual ele está unido pode servir de princípio para uma gênese da "comunicabilidade" ou da universalidade desse prazer; o belo não deixa de ser desinteressado, mas o interesse a que está unido sinteticamente pode servir de regra para uma gênese do sentido do belo como senso comum.

Se a tese kantiana é mesmo esta, devemos buscar saber qual é o interesse unido ao belo. Pensaremos em primeiro lugar num interesse social empírico, com tanta frequência ligado aos objetos belos e capaz de engendrar uma espécie de gosto ou de comunicabilidade do prazer. Mas é claro que o belo só está ligado a esse interesse *a posteriori*, não *a priori*.[102] Só um interesse da razão pode corresponder às exigências precedentes.

---

[100] *CFJ*, § 30.

[101] Daí o lugar da análise do Sublime na *Crítica da faculdade do juízo.*

[102] *CFJ*, § 41.

Mas no que pode consistir aqui um interesse racional? Ele não pode incidir sobre o próprio belo. Ele incide exclusivamente sobre a *aptidão que a natureza* tem de produzir belas formas, isto é, formas capazes de se refletir na imaginação. (E a natureza apresenta essa aptidão mesmo lá onde o olho humano penetra raramente demais para refleti-las efetivamente: por exemplo, no fundo dos oceanos.)[103] O interesse unido ao belo não incide, portanto, sobre a bela forma enquanto tal, mas sobre a *matéria* empregada pela natureza para produzir objetos capazes de se refletir formalmente. Não é de surpreender que Kant, tendo inicialmente dito que as cores e os sons não eram belos em si mesmos, acrescente em seguida que eles são objeto de um "interesse do belo".[104] Mais do que isso: se buscamos saber qual é a matéria-prima que intervém na formação natural do belo, vemos que se trata de uma matéria fluida (o estado mais antigo da matéria), de que uma parte se separa ou evapora e cujo resto se solidifica bruscamente (cf. formação dos cristais).[105] Vale dizer que o interesse pelo belo não é parte integrante do belo nem do sentido do belo, mas concerne a uma produção do belo na natureza, e pode assim servir de princípio em nós para uma gênese do próprio sentido do belo.

A questão toda é: de que tipo é esse interesse? Até agora definimos os interesses da razão por um gênero de objetos que se encontravam necessariamente submetidos a uma faculdade superior. Mas não há objetos que estejam submetidos à faculdade de sentir. A forma superior da faculdade de sentir designa tão somente a harmonia subjetiva e espontânea de nossas faculdades ativas, sem que uma dessas faculdades legisle sobre objetos. Quando consideramos a aptidão material da natureza para produzir formas belas, não podemos concluir daí a submissão necessária dessa natureza a uma de nossas faculdades, mas apenas seu *acordo contingente* com todas as nossas faculdades

---

[103] *CFJ*, § 30.

[104] *CFJ*, § 42.

[105] *CFJ*, § 58.

em conjunto.[106] Mais do que isso: procuraríamos em vão um fim da Natureza quando ela produz o belo; a precipitação da matéria fluida se explica de maneira puramente mecânica. A aptidão da natureza se apresenta, portanto, como um poder sem finalidade, apropriado por acaso ao exercício harmonioso de nossas faculdades.[107] O prazer desse exercício é ele próprio desinteressado; *resta que experimentamos um interesse racional pelo acordo contingente das produções da natureza com nosso prazer desinteressado.*[108] É esse o terceiro interesse da razão: ele se define não por uma submissão necessária, mas por um acordo contingente da Natureza com nossas faculdades.

O SIMBOLISMO NA NATUREZA. – Como se apresenta a gênese do sentido do belo? Tudo indica que as livres matérias da natureza, as cores e os sons não se relacionam simplesmente com conceitos determinados do entendimento. Elas excedem o entendimento, "dão a pensar" muito mais do que aquilo que está contido no conceito. Por exemplo, não relacionamos a cor apenas com um conceito do entendimento que se aplicaria diretamente a ela, nós a relacionamos ainda com um conceito *totalmente diferente*, que não se refere a um objeto de intuição, mas que se assemelha ao conceito do entendimento porque estabelece seu objeto por analogia com o objeto da intuição. *Esse outro* conceito é uma Ideia da razão, que só se parece com o primeiro do ponto de vista da reflexão. Assim, o lírio branco não está simplesmente relacionado aos conceitos de cor e de flor, mas desperta a Ideia de inocência pura, cujo objeto é apenas um análogo (reflexivo) do branco na flor-de-lis.[109] Vemos assim que as Ideias são objeto de uma apresentação indireta nas livres matérias da natureza. Essa apresentação indireta se chama *simbolismo*, e tem por regra o interesse pelo belo.

---

[106] *CFJ*, Introdução, § 7.

[107] *CFJ*, § 58.

[108] *CFJ*, § 42.

[109] *CFJ*, §§ 42 e 59.

Seguem-se duas consequências: o próprio entendimento vê seus conceitos ampliados de maneira ilimitada; a imaginação se encontra liberada da coação do entendimento que ela ainda sofria no esquematismo e se torna capaz de refletir a forma livremente. O acordo da imaginação como livre e do entendimento como indeterminado já não é, portanto, simplesmente presumido: está de certo modo animado, vivificado, engendrado pelo interesse pelo belo. As livres matérias da natureza sensível simbolizam as Ideias da razão; assim, permitem ao entendimento se ampliar, e à imaginação se liberar. O interesse pelo belo atesta uma *unidade suprassensível* de todas as nossas faculdades, como um "ponto de concentração no suprassensível", de que decorre seu livre acordo formal ou sua harmonia subjetiva.

A unidade suprassensível indeterminada de todas as faculdades e o acordo livre que daí deriva são o que há de mais profundo na alma. De fato, quando o acordo das faculdades se encontra determinado por uma delas (o entendimento no interesse especulativo, a razão no interesse prático), supomos que as faculdades são *em primeiro lugar* capazes de uma livre harmonia (segundo o interesse pelo belo), sem a qual nenhuma dessas determinações seria possível. Mas, por outro lado, o acordo livre das faculdades *já* deve fazer a razão surgir como convocada a desempenhar o papel determinante no interesse prático ou no domínio moral. É nesse sentido que o destino suprassensível de todas as nossas faculdades é a predestinação de um ser moral; ou que a ideia do suprassensível como unidade indeterminada das faculdades prepara a ideia do suprassensível tal como ela é determinada na prática pela razão (como princípio dos fins da liberdade); ou que o interesse pelo belo implica uma disposição a ser moral.[110] Como diz Kant, *o próprio belo é símbolo do bem* (e quer dizer com isso que o sentido do belo não é uma percepção confusa do bem, que não há nenhuma relação analítica entre o bem e o belo, mas uma relação sintética

---

[110] *CFJ*, § 42.

segundo a qual o interesse pelo belo nos dispõe a ser morais, nos destina à moralidade).[111] Assim, a unidade indeterminada e o acordo livre entre as faculdades não apenas constituem o que há de *mais profundo* na alma como preparam o advento do *mais alto*, ou seja, a supremacia da faculdade de desejar, e tornam possível a passagem da faculdade de conhecer a essa faculdade de desejar.

O SIMBOLISMO NA ARTE, OU O GÊNIO. –

É verdade que tudo o que precede (o interesse pelo belo, a gênese do sentido do belo, a relação entre o belo e o bem) só concerne à beleza da natureza. De fato, tudo isso se baseia no pensamento de que a natureza produziu a beleza.[112] É por isso que o belo na arte parece não ter relação com o bem, e o sentido do belo na arte não poder ser engendrado a partir de um princípio que nos destina à moralidade. Daí a frase de Kant: tiro o chapéu para aquele que sai de um museu e se volta para as belezas da natureza...

A menos que a arte também possa ser julgada a partir de uma matéria e de uma regra fornecidas pela natureza. Mas a natureza, aqui, só pode proceder por meio de uma disposição inata no sujeito. O Gênio é precisamente essa disposição inata por meio da qual a natureza fornece à arte uma regra sintética e uma rica matéria. Kant define o gênio como a faculdade das *Ideias estéticas*.[113] À primeira vista, uma Ideia estética é o contrário de uma Ideia racional. Esta é um conceito a que nenhuma intuição é adequada; aquela, uma intuição a que nenhum conceito é adequado. Mas devemos nos perguntar se essa relação inversa é suficiente para descrever a Ideia estética. A Ideia da razão supera a experiência, seja por não ter objeto que corresponda a ela na natureza (por exemplo, seres invisíveis); seja porque faz de um simples fenômeno da natureza um acontecimento do

---

[111] *CFJ*, § 59.

[112] *CFJ*, § 42.

[113] *CFJ*, § 57, "Observação I".

espírito (a morte, o amor...). A Ideia da razão contém, portanto, algo de inexprimível. Mas a Ideia estética supera qualquer conceito, porque cria a intuição de uma outra natureza que não aquela que nos é dada: outra natureza cujos fenômenos seriam verdadeiros acontecimentos espirituais; e em que os acontecimentos do espírito seriam determinações naturais imediatas.[114] Ela "dá a pensar", força a pensar. No fim das contas, a Ideia estética é a mesma coisa que a Ideia racional: expressa o que há de inexprimível nesta. É por isso que ela surge como uma representação "secundária", uma expressão segunda. Por isso mesmo, está muito próxima do simbolismo (o gênio também procede por meio da ampliação do entendimento e da liberação da imaginação).[115] Mas em vez de representar indiretamente a Ideia na natureza, ela a expressa secundariamente, na criação imaginativa de uma outra natureza.

O gênio não é o gosto, mas *anima* o gosto na arte dando-lhe uma alma ou uma matéria. Há obras que são perfeitas do ponto de vista do gosto, mas que não têm alma, ou seja, gênio.[116] É que o gosto é apenas o acordo formal entre uma imaginação livre e um entendimento ampliado. Permanece sombrio e morto, e tão somente presumido, se não remete a uma instância mais alta como a uma matéria capaz precisamente de ampliar o entendimento e liberar a imaginação. O acordo entre a imaginação e o entendimento, nas artes, só é vivificado pelo gênio, e sem ele permaneceria incomunicável. O gênio é um chamado lançado a outro gênio; mas, entre os dois, o gosto se torna uma espécie de intermédio; e permite esperar quando o outro gênio ainda não nasceu.[117] O gênio expressa a unidade suprassensível de todas as faculdades, e a expressa como viva. Fornece, portanto, a regra sob a qual as conclusões do belo na natureza podem ser estendidas

---

[114] *CFJ*, § 49.

[115] *CFJ*, § 49.

[116] *CFJ*, § 49.

[117] *CFJ*, § 49.

ao belo na arte. Sendo assim, não é só o belo na natureza que é símbolo do bem; o mesmo se dá com o belo na arte, sob a regra sintética e genética do próprio gênio.[118]

À estética *formal* do gosto, Kant acrescenta, portanto, uma metaestética *material*, cujos dois principais capítulos são o interesse pelo belo e o gênio, e que atesta a existência de um romantismo kantiano. Especialmente, à estética da linha e da composição, portanto da forma, Kant acrescenta uma metaestética das matérias, das cores e dos sons. Na *Crítica da faculdade do juízo*, o classicismo realizado e o romantismo nascente encontram um equilíbrio complexo.

Não devemos confundir as diversas maneiras como, segundo Kant, as Ideias da razão são suscetíveis de uma apresentação na natureza sensível. No sublime, a apresentação é direta mas negativa, e se faz por projeção; no simbolismo natural ou no interesse pelo belo, a apresentação é positiva, mas indireta, e se faz por reflexão; no gênio ou no simbolismo artístico, a apresentação é positiva, mas segunda, e se faz por criação de uma outra natureza. Veremos mais adiante que a Ideia é suscetível de um quarto modo de apresentação, o mais perfeito, na natureza concebida como sistema de fins.

O JUÍZO É UMA FACULDADE? – O juízo é sempre uma operação complexa, que consiste em subsumir o particular no geral. O homem do juízo é sempre um homem da arte: um *expert*, um médico, um jurista. O juízo implica um verdadeiro dom, um faro.[119] Kant foi o primeiro a colocar o problema do juízo no âmbito de sua tecnicidade ou de sua originalidade própria. Em textos célebres, ele distingue dois casos: ou o geral já está dado, conhecido, e basta aplicá-lo, isto é, determinar o particular a que ele se aplica ("uso apodíctico da razão", "juízo determinante"); ou o geral constitui um problema e deve ele

---

[118] Contrariamente ao § 42, o § 59 ("Da beleza, símbolo da moralidade") vale para a arte tanto quanto para a natureza.

[119] *CRP*, Analítica, "Do juízo transcendental em geral".

próprio ser encontrado ("uso hipotético da razão", "juízo reflexivo").[120] Contudo, essa distinção é muito mais complicada do que parece e deve ser interpretada tanto do ponto de vista dos exemplos quanto da significação.

Um primeiro erro seria acreditar que só o juízo reflexivo implica uma invenção. Mesmo quando o geral está dado, é preciso "juízo" para fazer a subsunção. Decerto, a lógica transcendental se distingue da lógica formal porque contém regras que indicam a condição sob a qual se aplica um conceito dado.[121] Mas essas regras não se reduzem ao próprio conceito: para aplicar um conceito do entendimento, é preciso o esquema, que é um ato inventivo da imaginação capaz de indicar a condição sob a qual os casos particulares são subsumidos no conceito. Sendo assim, o esquematismo já é uma "arte", e o esquema, um esquema dos "casos circunscritos pela lei". Seria, pois, um equívoco acreditar que o entendimento julga por si mesmo: o entendimento só pode usar seus conceitos para julgar, mas esse uso implica um ato original da imaginação, e também um ato original da razão (é por isso que o juízo determinante surge, na *Crítica da razão pura*, como um determinado exercício da razão). Cada vez que Kant fala do juízo como de uma faculdade é para marcar a originalidade do seu ato, a especificidade do seu produto. Mas o juízo implica sempre diversas faculdades, e expressa o acordo dessas faculdades entre si. O juízo é dito determinante quando expressa o acordo entre as faculdades sob uma faculdade ela própria determinante, isto é, quando determina um objeto em conformidade com uma faculdade vista inicialmente como legisladora. Assim, o juízo teórico expressa o acordo entre as faculdades que determina um objeto em conformidade com o entendimento legislador. Do mesmo modo, há um juízo prático que determina se uma ação possível é um caso que está submetido à lei moral: ele expressa o acordo entre o entendimento e a razão, sob a presidência da razão. No juízo teórico, a imaginação

---

[120] *CRP*, Dialética, Apêndice, "Do uso regulador das Ideias".

[121] *CRP*, Analítica, "Do juízo transcendental em geral".

fornece um esquema em conformidade com o conceito do entendimento; no juízo prático, o entendimento fornece um tipo em conformidade com a lei da razão. Dá no mesmo dizer que o juízo determina um objeto, que o acordo entre as faculdades é determinado, ou que uma das faculdades exerce uma função determinante ou legisladora.

É importante então fixar os exemplos correspondentes aos dois tipos de juízos, "determinante" e "reflexivo". Tomemos o de um médico que sabe o que é a febre tifoide (conceito), mas não a reconhece num caso particular (juízo ou diagnóstico). Tenderíamos a ver no diagnóstico (que implica um dom e uma arte) um exemplo de juízo determinante, já que o conceito supostamente é conhecido. Mas, em relação a um determinado caso particular, o conceito não está dado: é problemático ou realmente indeterminado. Na verdade, o diagnóstico é um exemplo de juízo reflexivo. Se buscamos na medicina um exemplo de juízo determinante é melhor pensarmos numa decisão terapêutica: aí sim o conceito é efetivamente dado em relação ao caso particular, mas o difícil é aplicá-lo (contraindicações em função do doente, etc.).

Não há menos arte ou invenção no juízo reflexivo. *Porém, nele, essa arte está distribuída de outro jeito.* No juízo determinante, a arte está como que "escondida": o conceito está dado, seja um conceito do entendimento, seja uma lei da razão; logo, há uma faculdade legisladora, que dirige ou determina o aporte original das outras faculdades, de tal modo que esse aporte é difícil de apreciar. Mas, no juízo reflexivo, nada está dado do ponto de vista das faculdades ativas: só uma matéria bruta se apresenta, sem que, a rigor, seja "representada". Portanto, todas as faculdades ativas se exercem livremente em relação a ela. O juízo reflexivo expressará *um acordo livre e indeterminado* entre todas as faculdades. A arte, que permanecia escondida e como que subordinada no juízo determinante, se torna manifesta e se exerce livremente no juízo reflexivo. Decerto podemos, por meio de "reflexão", descobrir um conceito que já existe; mas o juízo reflexivo será tanto mais puro se não houver nenhum conceito para a coisa que ele reflete livremente, ou se o conceito for (de certa maneira) ampliado, ilimitado, indeterminado.

Na verdade, juízo determinante e juízo reflexivo não são como duas espécies de um mesmo gênero. O juízo reflexivo manifesta e libera um fundo que permanecia oculto no outro. Mas o outro só era juízo justamente por esse fundo vivo. Senão, seria incompreensível por que a *Crítica da faculdade do juízo* pode se intitular assim, embora trate apenas do juízo reflexivo. É que todo acordo determinado entre as faculdades sob a égide de uma faculdade determinante e legisladora supõe a existência e a possibilidade de um acordo livre indeterminado. É nesse acordo livre que o juízo não apenas é original (o que ele já era no caso do juízo determinante) como também manifesta o princípio de sua originalidade. De acordo com esse princípio, nossas faculdades diferem em natureza, mas nem por isso deixam de ter um acordo livre e espontâneo que torna possível em seguida seu exercício sob a presidência de uma delas, segundo uma lei dos interesses da razão. O juízo sempre é irredutível ou original: por isso pode ser dito "uma" faculdade (dom ou arte específica). Nunca consiste numa única faculdade, mas em seu acordo; seja num acordo já determinado por uma delas, que desempenha um papel legislador, seja, mais profundamente, num livre acordo indeterminado, que constitui o objeto último de uma "crítica da faculdade do juízo" em geral.

DA ESTÉTICA À TELEOLOGIA. – Quando a faculdade de conhecer é apreendida sob sua forma superior, o entendimento legisla *nessa* faculdade; quando a faculdade de desejar é apreendida sob sua forma superior, a razão legisla nessa faculdade. *Quando a faculdade de sentir é apreendida sob sua forma superior, é o juízo que legisla nessa faculdade.*[122] E esse caso é muito diferente dos dois outros: o juízo estético é reflexivo; não legisla sobre objetos, mas apenas sobre si mesmo; não expressa

---

[122] *CFJ*, Introdução, III e IX.

uma determinação de objeto sob uma faculdade determinante, mas um acordo livre entre todas as faculdades a propósito de um objeto refletido. – Devemos então perguntar se não há um outro tipo de juízo reflexivo, ou se um livre acordo entre as faculdades subjetivas não tem outra maneira de se manifestar além do juízo estético.

Sabemos que a razão, *no seu interesse especulativo*, forma Ideias cujo sentido é unicamente regulador. Isto é: elas não têm um objeto determinado do ponto de vista do conhecimento, mas conferem aos conceitos do entendimento um máximo de unidade sistemática. Não deixam por isso de ter um valor objetivo, embora "indeterminado"; pois não podem conferir uma unidade sistemática aos conceitos sem atribuir uma unidade semelhante aos fenômenos considerados em sua matéria ou em sua particularidade. Essa unidade, admitida como inerente aos fenômenos, é uma *unidade final* das coisas (máximo de unidade na maior variedade possível, sem que se possa dizer até onde vai essa unidade). Essa unidade final só pode ser concebida a partir de um conceito de *fim natural*; de fato, a unidade do diverso exige uma relação da diversidade com um fim determinado, de acordo com os objetos referidos a essa unidade. Nesse conceito de fim natural, a unidade é sempre apenas presumida ou suposta como conciliável com a diversidade das leis empíricas particulares.[123] Sendo assim, ela não expressa um ato pelo qual a razão seria legisladora. E tampouco o entendimento legisla. Ele legisla sobre os fenômenos, mas apenas na medida em que estes são considerados na *forma* de sua intuição; seus atos legislativos (categorias) constituem, portanto, leis *gerais*, e se exercem sobre a natureza como objeto de experiência *possível* (toda mudança tem uma causa..., etc.). Mas o entendimento nunca determina a priori a *matéria* dos fenômenos, o detalhe da experiência *real* ou as leis *particulares* de tal ou qual objeto. Estas só são conhecidas empiricamente, e permanecem contingentes em relação a nosso entendimento.

---

[123] *CFJ*, Introdução, V (cf. *CRP*, Dialética, Apêndice).

Toda lei supõe necessidade. Mas a unidade das leis empíricas, do ponto de vista de sua particularidade, deve ser pensada como uma unidade tal que só um entendimento *diferente do nosso* poderia atribuí-la necessariamente aos fenômenos. Um "fim" se define precisamente pela representação do efeito como motivo ou fundamento da causa; a unidade final dos fenômenos remete a um entendimento capaz de lhe servir de princípio ou de substrato, no qual a representação do todo seria causa do próprio todo enquanto efeito (entendimento-arquétipo, intuitivo, definido como causa suprema inteligente e intencional). Mas seria um equívoco pensar que tal entendimento existe na realidade, ou que os fenômenos sejam efetivamente produzidos dessa maneira: o entendimento-arquétipo expressa um caráter próprio de nosso entendimento, qual seja, nossa impotência de determinarmos nós mesmos o particular, nossa impotência de conceber a unidade final dos fenômenos segundo um outro princípio que não o da causalidade intencional de uma causa suprema.[124] É nesse sentido que Kant submete a noção dogmática de entendimento infinito a uma profunda transformação: o entendimento arquétipo já não expressa ao infinito senão o *limite* próprio de nosso entendimento, o ponto onde este cessa de ser legislador em nosso próprio interesse especulativo e relativamente aos fenômenos. "De acordo com a constituição particular das minhas faculdades de conhecer, só posso, a respeito da possibilidade da natureza e de sua produção, julgar imaginando uma causa que age intencionalmente".[125]

Logo, a finalidade da natureza está ligada a um duplo movimento. Por um lado, *o conceito de fim natural deriva das Ideias da razão* (na medida em que expressa uma unidade final dos fenômenos): "Ele subsume a natureza a uma causalidade somente concebível pela razão".[126] Resta que ele não se confunde com uma Ideia racional, pois o efeito conforme a essa

---

[124] *CFJ*, §77.

[125] *CFJ*, §75.

[126] *CFJ*, §74.

causalidade se encontra efetivamente dado na natureza: "Por isso o conceito de fim natural se distingue de todas as outras ideias".[127] Diferentemente de uma Ideia da razão, o conceito de fim natural tem um objeto dado; diferentemente de um conceito do entendimento, não determina seu objeto. Na verdade, ele intervém para permitir à *imaginação* "refletir" sobre o objeto de maneira indeterminada, de tal maneira que o *entendimento* "adquira" conceitos em conformidade com as Ideias da própria *razão*. O conceito de fim natural é um conceito de reflexão que deriva das Ideias reguladoras: nele, todas as nossas faculdades se harmonizam e entram num livre acordo, graças ao qual refletimos sobre a Natureza do ponto de vista de suas leis empíricas. O juízo teleológico é, portanto, um segundo tipo de juízo reflexivo.

Inversamente, *a partir do conceito de fim natural, determinamos um objeto da Ideia racional.* Decerto a Ideia não tem em si mesma um objeto determinado; mas seu objeto é determinável por analogia com os objetos da experiência. Ora, essa determinação indireta e analógica (que se concilia perfeitamente com a função reguladora da Ideia) só é possível na medida em que os próprios objetos da experiência apresentam essa unidade final natural, em relação à qual o objeto da Ideia deve servir de princípio ou de substrato. Assim, é o conceito de unidade final ou de fim natural que nos força a determinar Deus como causa suprema intencional agindo à maneira de um entendimento. Nesse sentido, Kant insiste muito na necessidade de se passar de uma teleologia natural à teologia física. O caminho inverso seria um mau caminho, o feito de uma "Razão invertida" (a Ideia teria então um papel constitutivo e já não regulador, o juízo teleológico seria tomado como determinante). Não encontramos na natureza fins divinos intencionais; ao contrário, partimos de fins que são inicialmente os da natureza e acrescentamos a eles a Ideia de uma causa divina intencional como condição para a compreensão deles. Não impomos fins à natureza "violenta

---

[127] *CFJ*, §77.

e ditatorialmente"; ao contrário, refletimos sobre a unidade final natural, empiricamente conhecida na diversidade, para nos elevarmos até a Ideia de uma causa suprema determinada por analogia.[128] O conjunto desses dois movimentos define um novo modo de apresentação da Ideia, um último modo que se distingue dos que analisamos anteriormente.

Qual é a diferença entre os dois tipos de juízo, teleológico e estético? Devemos considerar que o juízo estético já manifesta uma verdadeira finalidade. Mas se trata de uma finalidade *subjetiva, formal, que exclui qualquer fim* (objetivo ou subjetivo). Essa finalidade estética é subjetiva, já que consiste no livre acordo das faculdades entre si.[129] Decerto, ela coloca em jogo a forma do objeto, mas a forma é precisamente o que a imaginação reflete do próprio objeto. Trata-se, portanto, objetivamente, de uma pura forma subjetiva da finalidade, que exclui qualquer fim material determinado (a beleza de um objeto não pode ser avaliada nem por seu uso, nem por sua perfeição interna, nem por sua relação com um interesse prático qualquer).[130] Objetarão que a Natureza intervém, como vimos, através de sua aptidão material a produzir beleza; nesse sentido, já devemos falar, a propósito do belo, de um acordo contingente da Natureza com nossas faculdades. Essa aptidão material é inclusive para nós objeto de um "interesse" particular. Mas esse interesse não faz parte do próprio sentido do belo, embora nos forneça um princípio a partir do qual esse sentido pode ser engendrado. Aqui, o acordo contingente entre a Natureza e nossas faculdades permanece, portanto, de certo modo exterior ao livre acordo das faculdades entre si: a natureza apenas nos dá a ocasião *exterior* "de apreender a finalidade *interna* da relação entre nossas faculdades subjetivas".[131] A aptidão material da Natureza não

---

[128] *CRP*, Dialética, Apêndice, "Da meta final da dialética natural"; *CFJ*, §§ 68, 75 e 85.

[129] Daí, em *CFJ*, § 34, a expressão "finalidade subjetiva recíproca".

[130] *CFJ*, §§ 11 e 15.

[131] *CFJ*, § 58.

constitui um fim natural (que viria contradizer a ideia de uma finalidade sem fim): "Somos nós que recebemos a natureza favoravelmente, *já ela não nos faz favor algum*".[132]

A finalidade, sob esses diferentes aspectos, é o objeto de uma "representação estética". Ora, vemos que, nessa representação, o juízo reflexivo apela a princípios particulares de várias maneiras: por um lado, ao acordo livre das faculdades como fundamento desse juízo (causa formal); por outro, à faculdade de sentir como matéria ou causa material, em relação à qual o juízo define um prazer particular como estado superior; por outro ainda, à forma da finalidade sem fim como causa final; e, finalmente, ao interesse especial pelo belo, como *causa fiendi* a partir da qual é engendrado o sentido do belo que se expressa de direito no juízo estético.

Quando consideramos o juízo teleológico, nos encontramos diante de uma representação completamente diferente da finalidade. Trata-se agora de uma finalidade *objetiva, material, que implica fins*. O que domina é a existência de um conceito de fim natural, expressando empiricamente a unidade final das coisas em função de sua diversidade. A "reflexão" muda, portanto, de sentido: já não se trata de reflexão formal do objeto sem conceito, mas de conceito de reflexão por meio do qual se reflete sobre a matéria do objeto. Nesse conceito, nossas faculdades se exercem livre e harmoniosamente. Mas, aqui, o acordo livre entre as faculdades permanece inserido no acordo contingente entre a Natureza e as próprias faculdades. De tal modo que, no juízo teleológico, devemos considerar que a Natureza verdadeiramente nos faz um favor (e quando, da teleologia, voltamos à estética, consideramos que a produção natural das coisas belas era *já* um favor que a natureza nos fazia).[133] A diferença entre os dois juízos consiste no seguinte: o juízo teleológico não remete a princípios particulares (exceto em seu uso ou aplicação). Decerto ele implica o acordo entre

---

[132] *CFJ*, § 58.

[133] *CFJ*, § 67.

a razão, a imaginação e o entendimento, sem que este legisle; mas esse ponto onde o entendimento abandona suas pretensões legisladoras é parte integrante do *interesse especulativo* e permanece inserido no domínio da *faculdade de conhecer*. É por isso que o fim natural é o objeto de uma "representação lógica". Decerto há um prazer da reflexão no próprio juízo teleológico; não experimentamos prazer na medida em que a Natureza está necessariamente submetida à faculdade de conhecer, mas sim na medida em que a Natureza entra em acordo de maneira contingente com nossas faculdades subjetivas. Porém, ainda aí, esse prazer teleológico se confunde com o conhecimento: ele não define um estado superior da faculdade de sentir considerada em si mesma, mas antes um efeito da faculdade de conhecer sobre a faculdade de sentir.[134]

Que o juízo teleológico não remeta a um princípio *a priori* particular é fácil de explicar. É porque ele é preparado pelo juízo estético, e permaneceria incompreensível sem essa preparação.[135] A finalidade formal estética nos "prepara" para formar um conceito de fim que se some ao princípio de finalidade, o complete e o aplique à natureza; é a reflexão sem conceito que nos prepara ela própria para formar um conceito de reflexão. Sendo assim, tampouco há um problema de gênese a propósito de um senso comum teleológico; este é admitido ou presumido no interesse especulativo, faz parte do senso comum lógico, mas já se encontra de certo modo esboçado pelo senso comum estético.

Se consideramos os interesses da razão que correspondem às duas formas do juízo reflexivo, voltamos a encontrar o tema de uma "preparação", mas num outro sentido. A estética manifesta um acordo livre entre as faculdades, que está ligado de certa maneira a um interesse especial pelo belo; ora, esse interesse nos predestina a ser morais; logo, prepara o advento da lei moral ou a supremacia do *interesse prático puro*. A teleologia,

---

[134] *CFJ*, Introdução, § 6.
[135] *CFJ*, Introdução, § 8.

de sua parte, manifesta um acordo livre entre as faculdades, dessa vez no próprio *interesse especulativo*: "sob" a relação entre as faculdades tal como determinada pelo entendimento legislador, descobrimos uma livre harmonia de todas as faculdades entre si, da qual o conhecimento tira uma vida própria (vimos que o juízo determinante, no próprio conhecimento, implicava um fundo vivo que só se revela à "reflexão"). Logo, é preciso pensar que o juízo reflexivo em geral torna possível a passagem da faculdade de conhecer à faculdade de desejar, do interesse especulativo ao interesse prático, e prepara a subordinação do primeiro ao segundo, ao mesmo tempo que a finalidade torna possível a passagem da natureza à liberdade ou prepara a realização da liberdade na natureza.[136]

---

[136] *CFJ*, Introdução, §§ 3 e 9.

Conclusão
Os fins da razão

DOUTRINA DAS FACULDADES. – As três *Críticas* apresentam um verdadeiro sistema de permutações. Em primeiro lugar, as faculdades são definidas de acordo com as relações da representação em geral (conhecer, desejar, sentir). Em segundo, como fontes de representações (imaginação, entendimento, razão). Dependendo da faculdade, no primeiro sentido, que consideramos, caberá a tal ou qual faculdade, no segundo sentido, legislar sobre os objetos e distribuir às outras faculdades suas tarefas *específicas*: assim se dá com o entendimento na faculdade de conhecer e com a razão na de desejar. É verdade que, na *Crítica da faculdade do juízo*, a imaginação não tem acesso por sua própria conta a uma função legisladora. Mas ela se libera, de modo que todas as faculdades juntas entram num livre acordo. As duas primeiras *Críticas* expõem, portanto, uma relação entre as faculdades determinada por uma delas; a última *Crítica* descobre, mais profundamente, um acordo livre e indeterminado entre as faculdades como condição de possibilidade de qualquer relação determinada.

Esse acordo livre aparece de duas maneiras: *na* faculdade de conhecer, como um fundo pressuposto pelo entendimento legislador; e por si mesmo, como um germe que nos destina *à* razão legisladora ou à faculdade de desejar. Desse modo, ele é o que há de mais profundo na alma, mas não de mais alto. *O mais alto* é o interesse prático da razão, aquele que corresponde à faculdade de desejar e que subordina a si a faculdade de conhecer ou o próprio interesse especulativo.

A originalidade da doutrina das faculdades em Kant consiste no seguinte: sua forma superior nunca as abstrai de sua finitude humana, assim como não suprime sua diferença de natureza. É na medida em que são específicas e finitas que as faculdades, no primeiro sentido da palavra, alcançam uma forma superior, e que as faculdades, no segundo sentido, alcançam o papel legislador.

O dogmatismo postulava uma harmonia entre o sujeito e o objeto e invocava Deus (gozando de faculdades infinitas) para garanti-la. As duas primeiras *Críticas* substituem essa harmonia pela ideia de uma submissão necessária do objeto ao sujeito "finito": nós, os legisladores, em nossa própria finitude (até mesmo a lei moral é obra de uma razão finita). É essa a revolução copernicana.[137] Mas, desse ponto de vista, a *Crítica da faculdade do juízo* parece suscitar uma dificuldade particular: quando Kant descobre um livre acordo sob a relação determinada entre as faculdades não está simplesmente reintroduzindo a ideia de harmonia e de finalidade? E isso de duas maneiras: no acordo dito "final" entre as faculdades (finalidade subjetiva) e no acordo dito "contingente" entre a natureza e as próprias faculdades (finalidade objetiva).

Contudo, o essencial não está aí. O essencial é que a *Crítica da faculdade do juízo* fornece uma nova teoria da finalidade que corresponde ao ponto de vista transcendental e se concilia perfeitamente com a ideia de legislação. Essa tarefa é executada na medida em que *a finalidade já não tem um princípio teológico e é a teologia que passa a ter um fundamento "final" humano.* Daí a importância das duas teses da *Crítica da faculdade do juízo*: o acordo final das faculdades é o objeto de uma gênese particular; a relação final entre a Natureza e o homem é o resultado de uma atividade prática propriamente humana.

---

[137] Cf. os comentários de Jules Vuillemin sobre a "finitude constituinte", em *L'héritage kantien et la révolution copernicienne* [A herança kantiana e a revolução copernicana].

TEORIA DOS FINS. – O juízo teleológico não remete, como o juízo estético, a um princípio que sirva de fundamento *a priori* para sua reflexão. Assim, ele deve ser preparado pelo juízo estético, e o conceito de fim natural supõe em primeiro lugar a pura forma da finalidade sem fim. Mas, em compensação, quando chegamos ao conceito de fim natural, coloca-se para o juízo teleológico um problema que não se colocava para o juízo estético: a estética deixava ao gosto o encargo de decidir que objeto devia ser julgado belo; a teleologia, ao contrário, exige regras que indiquem as condições sob as quais se julga uma coisa segundo o conceito de fim natural.[138] A ordem de dedução é, portanto, a seguinte: da forma da finalidade ao conceito de fim natural (expressando a unidade final dos objetos do ponto de vista de sua matéria ou de suas leis particulares); e do conceito de fim natural à sua aplicação na natureza (expressando para a reflexão que objetos devem ser julgados a partir desse conceito).

Essa aplicação é dupla: ou aplicamos o conceito de fim natural a dois objetos – um sendo a causa e o outro o efeito –, de tal maneira que introduzimos a ideia do efeito na causalidade da causa (exemplo, a areia como meio em relação aos pinhais); ou o aplicamos a uma mesma coisa como causa e efeito de si própria, isto é, a uma coisa cujas partes se produzem recipro-camente em sua forma e em sua ligação (seres organizados, que organizam a si mesmos): dessa maneira, introduzimos a ideia do todo, não como causa da existência da coisa ("pois seria então um produto da arte"), mas como fundamento de sua possibilidade como produto da natureza do ponto de vista da reflexão. No primeiro caso, a finalidade é externa; no segundo, interna.[139] Ora, essas duas finalidades têm relações complexas.

Por um lado, a finalidade externa é por si mesma pu-ramente relativa e hipotética. Para que deixasse de ser assim, teríamos que ser capazes de determinar um *fim último*; o que é impossível através da observação da natureza. Só observamos

---

[138] *CFJ*, Introdução, VIII.

[139] *CFJ*, §§ 63-65.

meios que já são fins em relação a sua causa e fins que ainda são meios em relação a outra causa. Somos, portanto, forçados a subordinar a finalidade externa à finalidade interna, ou seja, a considerar que uma coisa só é um meio na medida em que o fim a que serve é ele próprio um ser organizado.[140]

Mas, por outro lado, nada garante que a finalidade interna não remeta por sua vez a uma espécie de finalidade externa, e não suscite a questão (que parece insolúvel) de um fim último. De fato, quando aplicamos o conceito de fim natural aos seres organizados, somos conduzidos à ideia de que a natureza inteira é um sistema que segue a regra dos fins.[141] A partir dos seres organizados, somos remetidos a relações exteriores entre esses seres, relações que deveriam cobrir o conjunto do universo.[142] Mas, precisamente, a Natureza só poderia formar semelhante sistema (em vez de um simples agregado) em função de um fim último. Ora, é claro que nenhum ser organizado pode constituir semelhante fim: nem mesmo – ou sobretudo não – o homem como espécie animal. É que um fim último implica a *existência* de alguma coisa como fim; mas a finalidade interna nos seres organizados concerne tão somente sua *possibilidade* sem considerar se sua existência ela própria é um fim. A finalidade interna coloca unicamente a questão: por que certas coisas existentes têm tal ou qual forma? Mas deixa subsistir inteiramente esta outra: por que coisas dessa forma existem? Só poderia ser dito "fim último" um ser tal que o fim de sua existência estivesse *nele mesmo*; a ideia de fim último implica, portanto, a de *meta final*, que excede todas as nossas possibilidades de observação na natureza sensível, assim como todos os recursos de nossa reflexão.[143]

---

[140] *CFJ*, § 82.

[141] *CFJ*, § 67. (É um equívoco acreditar que, segundo Kant, a finalidade externa se subordina absolutamente à finalidade interna. O contrário é verdadeiro de um outro ponto de vista).

[142] *CFJ*, § 82.

[143] *CFJ*, §§ 82, 84.

Um fim natural é um fundamento de possibilidade; um fim último é uma razão de existência; uma meta final é um ser que possui em si a razão de existência. *Mas o que é meta final?* Só pode sê-lo aquele que pode formar para si mesmo um conceito de fins; só o homem como ser racional pode encontrar o fim de sua existência em si mesmo. Trata-se do homem enquanto ser que busca a felicidade? Não, pois a felicidade como fim deixa subsistir inteiramente a questão: por que o homem existe (sob uma "forma" tal que ele se esforça por tornar sua existência feliz)?[144] Trata-se do homem enquanto ser que conhece? Decerto, o interesse especulativo constitui o conhecimento como fim; mas esse fim nada seria se a existência daquele que conhece já não fosse meta final.[145] Ao conhecer, apenas formamos um conceito de fim natural do ponto de vista da reflexão, não uma ideia de meta final. Decerto, com a ajuda desse conceito, somos capazes de determinar indireta e analogicamente o objeto da Ideia especulativa (Deus como autor inteligente da Natureza). Mas "por que Deus criou a Natureza?" permanece uma pergunta totalmente inacessível a essa determinação. É nesse sentido que Kant recorda constantemente a insuficiência da teleologia natural como fundamento de uma teologia: a determinação da Ideia de Deus a que chegamos por essa via nos fornece apenas uma opinião, não uma crença.[146] Em suma, a teleologia natural justifica o conceito de uma causa criadora inteligente, mas tão somente do ponto de vista da *possibilidade* das coisas existentes. A questão de uma meta final no ato de criar (para quê *a existência* do mundo, e a do próprio homem?) supera qualquer teleologia natural e não pode sequer ser concebida por ela.[147]

"Uma meta final não é mais que um conceito de nossa razão prática".[148] De fato, a lei moral prescreve uma meta sem

---

[144] *CFJ*, § 86.

[145] *CFJ*, § 86.

[146] *CFJ*, §§ 85, 91, e "Observação geral sobre a teleologia".

[147] *CFJ*, § 85.

[148] *CFJ*, § 88.

condição. Nessa meta, é a razão que toma a si própria por fim, a liberdade que atribui a si própria um conteúdo como fim supremo determinado pela lei. À pergunta "o que é meta final?", devemos responder: o homem, mas o homem como número e existência suprassensível, o homem como ser moral. *"A propósito do homem considerado como ser moral, não se pode mais perguntar por que ele existe; sua existência contém em si o fim supremo"*.[149] Esse fim supremo é a organização dos seres racionais sob a lei moral, ou a liberdade como razão de existência contida em si no ser racional. Aparece aqui a unidade absoluta de uma *finalidade prática* e de uma *legislação incondicionada*. Essa unidade forma a "teleologia moral" na medida em que a finalidade prática é determinada *a priori* em nós mesmos com sua lei.[150]

Logo, a meta final é determinável e determinada praticamente. Ora, nós sabemos como, de acordo com a segunda *Crítica*, essa determinação acarreta por sua vez uma determinação prática da Ideia de Deus (como autor *moral*), sem a qual a meta final não poderia sequer ser pensada como realizável. De qualquer jeito, a teologia sempre se funda sobre uma teleologia (e não o contrário). Porém, agora há pouco, estávamos nos elevando de uma teleologia natural (conceito de reflexão) a uma teologia física (determinação especulativa da Ideia reguladora, Deus como autor *inteligente*); se essa determinação especulativa se conciliava com a simples regulação, isso se dava precisamente na medida em que era totalmente insuficiente, permanecendo condicionada empiricamente e nada nos dizendo sobre uma meta final da criação divina.[151] Agora, ao contrário, passamos *a priori* de uma teleologia prática (conceito praticamente determinante da meta final) a uma teologia moral (determinação prática suficiente da Ideia de um Deus moral como objeto de crença). Não se deve pensar que a teleologia natural seja inútil: é ela que nos impele a procurar uma teologia, mas é incapaz

---

[149] *CFJ*, § 84.

[150] *CFJ*, § 87.

[151] *CFJ*, § 88.

de verdadeiramente fornecê-la. Também não se deve pensar que a teologia moral "completa" a teologia física nem que a determinação prática das Ideias completa a determinação especulativa analógica. Na verdade, ela a substitui, segundo *um outro interesse da razão*.[152] É do ponto de vista desse outro interesse que determinamos o homem como meta final, e meta final para o conjunto da criação divina.

A HISTÓRIA OU A REALIZAÇÃO. – A última pergunta é: como a meta final é também fim último da natureza? Ou seja: como o homem, que só é meta final em sua existência suprassensível e como númeno, pode ser fim último da *natureza sensível*? Sabemos que o mundo suprassensível, de uma certa maneira, deve estar unido ao sensível: *o conceito de liberdade deve realizar no mundo sensível o fim imposto por sua lei*. Essa realização é possível sob dois tipos de condições: condições divinas (a determinação prática das Ideias da razão, que torna possível um Soberano Bem como acordo entre o mundo sensível e o mundo suprassensível, entre a felicidade e a moralidade); e condições terrestres (a finalidade na estética e na teleologia como o que torna possível uma realização do próprio Soberano Bem, isto é, uma conformidade do sensível a uma finalidade mais alta). Logo, a realização da liberdade é também a efetivação do soberano bem: "União do maior bem-estar das criaturas racionais no mundo com a mais alta condição do Bem moral nele".[153] Nesse sentido, a meta final *incondicional* é fim último da natureza sensível *sob as condições* que a colocam como necessariamente realizável e devendo ser realizada nessa natureza.

Na medida em que o fim último não é outra coisa senão a meta final, ele é o objeto de um paradoxo fundamental: o fim último da natureza sensível é um fim que essa mesma natureza não basta para realizar.[154] Não é a natureza que realiza a liberdade,

---

[152] *CFJ*, "Observação geral sobre a teleologia".

[153] *CFJ*, § 88.

[154] *CFJ*, § 84.

mas o conceito de liberdade que se realiza ou se efetiva na natureza. A efetivação da liberdade e do Soberano Bem no mundo sensível implica, portanto, uma atividade sintética original do homem: *a História* é essa efetivação e, sendo assim, não se deve confundi-la com um simples desenvolvimento da natureza. A ideia de fim último implica uma relação final entre a natureza e o homem; mas essa relação só é tornada possível pela finalidade natural. Em si mesma e formalmente, ela é independente dessa natureza sensível, e deve ser estabelecida, instaurada pelo homem.[155] A instauração da relação final é a formação de uma constituição civil perfeita: esta é o objeto mais alto da Cultura, o fim da história ou o Soberano Bem propriamente terrestre.[156]

Esse paradoxo pode ser explicado facilmente. A natureza sensível enquanto fenômeno tem por substrato o suprassensível. É somente nesse substrato que se conciliam o mecanismo e a finalidade da natureza sensível: o mecanismo, concernindo ao que é necessário na natureza como objeto dos sentidos; a finalidade, ao que é contingente na natureza como objeto da razão.[157] Logo, é uma *astúcia* da Natureza suprassensível que a natureza sensível não baste para realizar o que, no entanto, é "seu" fim último; pois esse fim é o próprio suprassensível na medida em que deve ser efetivado (isto é, ter um efeito no sensível). "A Natureza quis que o homem extraísse de si mesmo tudo o que supera a organização mecânica de sua existência animal, e não participasse de nenhuma outra felicidade ou perfeição senão aquela que ele próprio criou para si mesmo, independentemente do instinto, por meio da sua própria razão".[158] Assim, o que há de *contingente* no acordo da natureza sensível com as faculdades do homem é uma suprema aparência transcendental, que esconde uma astúcia do suprassensível. –

---

[155] *CFJ*, § 83.

[156] *CFJ*, § 83. E *Ideia de uma história universal (IHU),* proposições 5-8.

[157] *CFJ*, § 77.

[158] *IHU*, proposição 3.

Porém, quando falamos do efeito do suprassensível no sensível, ou da realização do conceito de liberdade, nunca devemos crer que a natureza sensível como fenômeno esteja *submetida* à lei da liberdade ou da razão. Semelhante concepção da história implicaria que os acontecimentos fossem determinados pela razão, e pela razão tal como ela existe *individualmente* no homem enquanto número; os acontecimentos manifestariam então um "desígnio racional *pessoal*" dos próprios homens.[159] Mas a história, tal como aparece na natureza sensível, nos mostra exatamente o contrário: puras relações de forças, antagonismos de tendências, que formam um tecido de loucura e vaidade pueril. É que a natureza sensível permanece sempre submetida às leis que lhe são próprias. Mas se é incapaz de realizar seu fim último, nem por isso deve deixar de, *em conformidade com suas próprias leis*, tornar possível a realização desse fim. É através do mecanismo das forças e do conflito das tendências (cf. "a insociável sociabilidade") que a natureza sensível, no próprio homem, preside ao estabelecimento de uma Sociedade, único meio onde o fim último pode ser historicamente realizado.[160] Assim, o que parece um contrassenso do ponto de vista dos desígnios de uma razão pessoal *a priori* pode ser um "desígnio da Natureza" para garantir empiricamente o desenvolvimento da razão no quadro da *espécie* humana. A história deve ser julgada do ponto de vista da espécie, e não da razão pessoal.[161] Há, portanto, uma segunda astúcia da Natureza, que não devemos confundir com a primeira (e ambas constituem a história). De acordo com essa segunda astúcia, a Natureza suprassensível quis que, mesmo no homem, o sensível procedesse segundo suas leis próprias para ser capaz de receber, enfim, o efeito do suprassensível.

---

[159] *IHU*, Introdução.

[160] *IHU*, proposição 4.

[161] *IHU*, proposição 2.

Bibliografia sumária

(Indicamos com um asterisco os livros que se apresentam particularmente como introduções à leitura de Kant.)

Filosofia especulativa

BOUTROUX, Emile. *La philosophie de Kant. Paris: Vrin, 1926. Curso. [Edição portuguesa: Kant. Tradução de Álvaro Ribeiro. Lisboa: Editorial Inquérito, 1943].

DAVAL, Roger. La métaphysique de Kant [A metafísica de Kant]. Paris: Presses Universitaires de France, 1951.

VLEESCHAUWER, Herman J. De. La déduction transcendantale dans l'œuvre de Kant [A dedução transcendental na obra de Kant]. Anvers-Paris, 1934.

VUILLEMIN, Jules. Physique et métaphysique kantiennes [Física e metafísica kantianas]. Paris: Presses Universitaires de France, 1956.

Filosofia prática

ALQUIÉ, Ferdinand. *Introduction. In: KANT, Immanuel. Critique de la raison pratique [Crítica da razão prática]. Paris: Presses Universitaires de France, 1949.

ALQUIÉ, Ferdinand. *La morale de Kant [A moral de Kant]. Les Cours de la Sorbonne, 1957.

DELBOS, Victor. *La philosophie pratique de Kant* [A filosofia prática de Kant]. Paris: Alcan, 1905.

VIALATOUX, Joseph. *La morale de Kant* [A moral de Kant]. Paris: Presses Universitaires de France, 1956.

Filosofia do juízo

SOURIAU, Michel. *Le jugement réfléchissant dans la philosophie critique de Kant* [O juízo reflexivo na filosofia crítica de Kant]. Paris: Alcan, 1926.

Filosofia da história

DELBOS, Victor. *La philosophie pratique de Kant* [A filosofia prática de Kant]. Paris: Alcan, 1905.

LACROIX, Jean. *Histoire et mystère*. Paris: Casterman, 1962 [Edição brasileira: *História e mistério*. São Paulo: Duas Cidades, 1967].

Coletânea de artigos: (WEIL, Éric; RUYSSEN, Théodore; HASSNER, Pierre; POLIN, Raymond...), *La philosophie politique de Kant* [A filosofia política de Kant]. Paris: Presses Universitaires de France, 1962.

Os problemas kantianos no pós-kantismo

DELBOS, Victor. *De Kant aux postkantiens* [De Kant aos pós-kantianos]. Paris: Aubier, 1940.

GUÉROULT, Martial. *L'évolution et la structure de la Doctrine de la Science chez Fichte* [A evolução e a estrutura da Doutrina da Ciência em Fichte]. Paris: Les Belles Lettres, 1930.

VUILLEMIN, Jules. *L'héritage kantien et la révolution copernicienne* [A herança kantiana e a revolução copernicana]. Paris: Presses Universitaires de France, 1954.

Este livro foi composto com tipografia Bembo e impresso
em papel Off-White 90 g/m² na Formato Artes Gráficas.